Peter Resetarits
Elisabeth Scheuba

Wenn die Erben streiten

Peter Resetarits
Elisabeth Scheuba

Wenn die Erben streiten

Erben und Schenken - alles, was Sie wissen sollten. Mit wahren Fällen aus der journalistischen Praxis

3. Auflage

Bibliografische Information der Deutschen Nationalbibliothek
Die Deutsche Nationalbibliothek verzeichnet diese Publikation in der Deutschen Nationalbibliografie; detaillierte bibliografische Daten sind im Internet über http://dnb.d-nb.de abrufbar.

Hinweis: Aus Gründen der leichteren Lesbarkeit wird auf eine geschlechtsspezifische Differenzierung verzichtet. Entsprechende Begriffe gelten im Sinne der Gleichbehandlung für beide Geschlechter.

ISBN 978-3-7093-0670-3 (Print)
ISBN 978-3-7094-1127-8 (E-Book-ePub)
ISBN 978-3-7094-1126-1 (E-Book-PDF)

1210 Wien, Scheydgasse 24, Tel.: 0043/1/24 630
www.lindeverlag.at

Satz: K. Strobl, Satz·Grafik·Design, 2620 Neunkirchen
Druck: Hans Jentzsch & Co. GmbH, 1210 Wien, Scheydgasse 31
Dieses Buch wurde in Österreich hergestellt.

Gedruckt nach der Richtlinie des Österreichischen Umweltzeichens „Druckerzeugnisse", Druckerei Hans Jentzsch & Co GmbH, UW-Nr. 790

Inhalt

Einleitung

Die Aussicht, etwas zu erben, lässt niemanden kalt. Das Nachdenken darüber, wer Erbe werden soll, wenn man selbst einmal nicht mehr ist, belastet oft. Denn die Angst, beim Erben oder Vererben etwas falsch zu machen, verunsichert. Fehler können dann rasch passieren. Gerade wenn man die Vorschriften, die seit 1.1.2017 gelten, nicht kennt. Und dann kommt es dazu, dass die Erben streiten …

Wahre Fälle aus der journalistischen Praxis zeigen, wie schnell das gehen kann. Es genügt ein (vermeintlich) unbedeutender Fehler: Oft hat sich der Verstorbene nur das Testamentmachen ersparen wollen. Oder hat in seine Pläne schlicht die Falschen eingeweiht. Oder Angehörige haben es bloß verabsäumt, sich über ihre Rechte zu informieren. Im Nachhinein gilt dann: Kleine Ursache – große Wirkung. Denn wenn die Erben einmal streiten, dann dauert der Streit oft Jahre, kostet viel und endet mitunter auch recht enttäuschend.

Mit wahren Fällen aus der journalistischen Praxis unternimmt dieser Ratgeber auch in seiner 3. Auflage wieder eine Reise durch das Erbrecht. Begleitet von Erläuterungen, die das rechtlich Wissenswerte – nach der neuen Rechtslage – zusammenfassen. Der Ratgeber soll damit helfen, Fehler – sei es bei der

Regelung der eigenen Nachfolge, sei es nach dem Tod von Personen, von denen man erben soll – möglichst zu vermeiden. Damit es zu einem Streit unter den Erben erst gar nicht kommt.

Die Fälle – auch in der 3. Auflage wieder um einige neue ergänzt – und die rechtlichen Anmerkungen dazu sollen bei immer wieder gestellten Fragen weiterhelfen, wie zB: Ob überhaupt ein Testament gemacht werden muss? Wie man es am besten formuliert? Wie sich Pflichtteile auswirken? Ob es vielleicht besser ist, gleich alles unter Lebenden zu verschenken? Was man dann beachten muss? Dazu, wie auch zur Frage „Was ist nach einem Todesfall zu tun?“, weist der Ratgeber den Weg.

Der eine oder andere Fall mag bekannt vorkommen. Oder hat sich vielleicht sogar schon im engeren Bekannten- oder Freundeskreis ganz ähnlich oder genauso ereignet. Gerade deshalb lassen die wahren Fälle aus der journalistischen Praxis das juristisch Wesentliche besser verstehen. Sie machen auf rechtlich Wichtiges nachhaltig aufmerksam. Damit die Erben eben nicht streiten ....

Dezember 2022

Prof. Dr. Peter Resetarits
RA Hon.Prof. Dr. Elisabeth Scheuba

1. Wer braucht ein Testament? – Wissenswertes zur gesetzlichen Erbfolge

Haben Sie schon ein Testament? Viele, die darüber nachdenken, ob sie ein Testament machen sollen, fragen sich, ob sie denn ein Testament überhaupt brauchen. Gerade jetzt, wo bereits seit 1.1.2017 das neue Erbrecht gilt. 1

Was passiert OHNE Testament?

Wenn es **kein Testament** gibt, tritt automatisch die im Gesetz vorgesehene Erbfolge ein. Wenn Sie also zu Lebzeiten nicht festlegen, was nach Ihrem Tod mit Ihrem Vermögen geschehen soll, verlassen Sie sich damit auf die **gesetzliche Erbfolge**. Ihr Vermögen wird unter Ihren Angehörigen so verteilt, wie es in Österreich das Allgemeine Bürgerliche Gesetzbuch (ABGB) mit einigen nun neuen Vorschriften zum Erbrecht bestimmt. 2

Wer BRAUCHT ein Testament?

Wenn Sie nicht wissen, ob Sie ein Testament „brauchen", sollten Sie zunächst einmal wissen, **wie** denn die **gesetzliche** Erbfolge nach Ihnen **konkret** aussehen würde. Denn vielleicht ist 3 damit ohnedies alles bestens geregelt. Sie sollen vor allem **drei Fragen** stellen (und richtig beantworten können):

- Wird **österreichisches** Erbrecht für meine Nachfolge gelten?
- **Wer** sind meine Erben nach dem Gesetz?
- **Was** würden meine Erben nach dem Gesetz **erhalten**?

4 Die Antworten auf diese Fragen – also die Informationen, wie Ihre Erbfolge in Österreich nach dem Gesetz konkret aussehen würde – sind **Grundlage** für die **Entscheidung**, **ob** Sie ein Testament machen werden „müssen" oder nicht. Denn wenn Sie mit den in Österreich im Gesetz vorgesehenen Erben **einverstanden** sind und auch mit der im Gesetz vorgesehenen Aufteilung unter Ihren Erben, brauchen Sie **kein Testament** zu machen. Für Sie ist das Thema „Testament" damit auch schon wieder erledigt.

Wie finden Sie die **Antworten** auf die drei genannten **Fragen**? Nun, Sie sollten dazu Folgendes wissen:

Wird ÖSTERREICHISCHES Erbrecht für meine Nachfolge gelten?

5 Für alle, die **vor** dem 17.8.2015 gestorben sind, war die Frage leicht zu beantworten: War der Verstorbene österreichischer **Staatsbürger**, war auch österreichisches Erbrecht anwendbar. Nur: Mit der Europäischen Erbrechtsverordnung (EuErbVO) ist **seit dem 17.8.2015** alles anders geworden. Es kommt seither in Österreich nicht mehr auf die Staatsbürgerschaft an. Österreichisches Erbrecht gilt seither nur mehr dann, wenn der Verstorbene bei seinem Tod seinen „gewöhnlichen Aufenthalt" in Österreich gehabt hat.

6 Was ist das, der **„gewöhnliche Aufenthalt"**? Die Europäische Erbrechtsverordnung definiert das leider nicht. Erst eine Ent-

scheidung des Europäischen Gerichtshofs wird irgendwann einmal Klarheit bringen. Bis dahin können wir nur vermuten, dass damit eine Art **Lebensmittelpunkt** gemeint ist, den der Verstorbene bei seinem Tod gehabt hat (und darauf hoffen, dass der Europäische Gerichtshof das dann auch so sehen wird).

Das heißt also: Ein Franzose, der bis zu seinem Tod in Wien gelebt hat, vererbt seine Sachen nach österreichischem Erbrecht. Ein Österreicher, der nach Deutschland ausgewandert ist und dort stirbt, vererbt sein Hab und Gut – selbst wenn es sich in Österreich befindet – nach deutschem Erbrecht. Ein Deutscher, der bis zu seinem Tod in Frankreich gelebt hat, vererbt seinen Nachlass nach französischem Recht usw. Die Europäische Erbrechtsverordnung – die in allen Mitgliedstaaten der EU (außer in Dänemark, Irland und im Vereinigten Königreich) gilt – sieht dies seit 17.8.2015 so vor. 7

Diese Grundregel – wo ich zuletzt gelebt habe, dieser Ort bestimmt „mein" Erbrecht – wäre in der Theorie ja noch einfach. **ABER**: Es gibt vor allem in der Praxis einige Fälle, die nicht so leicht zu lösen sind: 8

Wer zB eine Ferienwohnung in Spanien hat, um dort die „kalte Jahreszeit" zu verbringen, sonst aber in Wien wohnt, für den wird es **schwierig**: Verstirbt er im Winter in der Ferienwohnung in Spanien, könnte sein „gewöhnlicher Aufenthalt" bei seinem Tod in Spanien dazu führen, dass **plötzlich** spanisches Erbrecht anwendbar ist. Und da kann es dann böse Überraschungen geben. Denn das spanische Erbrecht ist mit dem österreichischen Erbrecht nicht vergleichbar. 9

Oder: Wer zwar in Österreich, etwa in der Grenzregion zu Deutschland wohnt, aber in Deutschland arbeitet, dort unter der Woche auch übernachtet, vielleicht auch noch ein Konto bei einer 10 deutschen Bank und auch seine Lebensgefährtin in Deutschland hat, könnte – weil Deutschland als sein Lebensmittelpunkt gesehen werden könnte – sein Vermögen bei seinem Tod überraschend nach deutschem Erbrecht vererben. Auch wenn sich vielleicht wesentliche Vermögenswerte (zB ererbtes Elternhaus, Ersparnisse, Auto usw) in Österreich befinden.

11 Nur bei **bloßen Urlaubsreisen** gibt es solche Unsicherheiten **nicht**: Wenige Wochen am Meer in Italien oder in Frankreich bewirken nicht, dass beim Tod des Urlaubers dann auch überraschend italienisches/französisches Erbrecht anwendbar wäre. **Aber**: Schon dann, wenn zB ein längerer Aufenthalt zu Pflege- oder Kurbehandlungen in zB Ungarn geplant ist, kann es – wenn der Tod dort eintritt – dazu kommen, dass plötzlich ungarisches Erbrecht gilt.

12 Wenn Sie also nicht bloß im Urlaub „mobil" sind, sondern sich auf **längere Aufenthalte außerhalb** von Österreich begeben, aber **sicherstellen** wollen, dass es beim **österreichischen** Erbrecht für Ihre Erbfolge bleibt, sollten Sie vorkehren und doch etwas schreiben, nämlich:

„Auf meine Erbfolge soll österreichisches Erbrecht anwendbar sein."

Dieser Satz, handschriftlich geschrieben, mit Datum versehen und unterschrieben (oder in ein förmliches ausführliches Testament aufgenommen, dazu unter Rz 98ff), bewirkt **Sicherheit**. Egal, wo der gewöhnliche Aufenthalt beim Tod dann gerade auch sein mag. Egal, ob man beim Überwintern im Süden oder bei einer beruflichen Auslandsmission oder bei einem Aufenthalt in einer Pflegeeinrichtung in Osteuropa versterben sollte. Es ist mit dieser **Rechtswahl** sichergestellt, dass österreichisches Erbrecht gilt. Ohne Überraschungen.

Aber Achtung: Nur wer **österreichischer Staatsbürger** ist, kann auch **österreichisches** Erbrecht auf diese Weise **wählen**. Wer zB deutscher Staatsbürger ist und in Österreich lebt und hier verstirbt, für den gilt österreichisches Erbrecht „automatisch". Denn sein gewöhnlicher Aufenthalt bei seinem Tod ist ja dann auch in Österreich. Wenn dieser deutsche Staatsbürger für seine Nachfolge aber doch lieber bei deutschem Erbrecht bleiben will, muss er Vorkehrungen treffen, wie geschildert: Nämlich schriftlich (in Testamentsform) erklären, dass auf seine Erbfolge deutsches Erbrecht anwendbar sein soll. Kurzum: Wählen können Sie nur das Erbrecht jenes Staates, dessen Staatsbürgerschaft Sie haben. 13

WER sind meine Erben nach dem Gesetz?

Wie hat der österreichische Gesetzgeber für den Fall vorgesorgt, dass Sie kein Testament haben und es damit keinen Testamentserben gibt? Nun, er bestimmt zunächst einmal jene – in der Regel dem Verstorbenen nahe – **Personen**, die Ihre **gesetzlichen Erben** sein sollen: 14

Das sind in erster Linie Ihre eigenen **Kinder**. Das Gesetz macht zwischen Ihren ehelichen und unehelichen Kindern und auch adoptierten Kindern keinen Unterschied. Wenn Sie Kinder haben, erben Ihre Kinder **immer**. Sind Kinder nicht mehr da, weil schon verstorben, erben Ihre Enkel (siehe dazu auch den Fall 3 Rz 57ff). 15

Auch Ihr **Ehepartner** erbt nach dem Gesetz, und zwar **immer**. Oft **neben** Ihren Kindern oder Ihren Eltern, mitunter aber alleine. Er erhält nach dem Gesetz überdies auch noch das sogenannte „**Vorausvermächtnis**". Das ist das Recht, in der Ehewohnung weiterzuwohnen und Einrichtung und Haushaltssachen zu behalten (siehe dazu auch den Fall 10 Rz 239 und das Kapitel 4 Rz 236ff). 16

17 Hat ein Verstorbener **keine Kinder** und auch **keine Enkelkinder** und auch **keinen Ehepartner** hinterlassen, sind **andere Verwandte** die gesetzlichen Erben. Konkret: die Eltern. Manchmal die Geschwister und Geschwisterkinder (Neffen/Nichten des Verstorbenen). In seltenen Fällen auch Großeltern und deren Nachkommen (also Onkel/Tante bzw Cousin/Cousine des Verstorbenen):

18 Die **Eltern** eines Verstorbenen kommen immer nur dann zum Zug, wenn keine Kinder (Enkelkinder) vorhanden sind. Die **Geschwister** des Verstorbenen nur dann, wenn der Verstorbene keine Kinder (Enkelkinder) und keinen Ehepartner hinterlässt und wenn auch die Eltern des Verstorbenen bereits verstorben sind. Sind auch die Geschwister des Verstorbenen schon tot, erben **Nichten und Neffen** des Verstorbenen. Die Geschwister des Verstorbenen erben freilich seit 1.1.2017 nichts, wenn der Verstorbene zwar keine Kinder hinterlässt, aber einen überlebenden Ehepartner.

19 Kurzum: Der **Ehepartner** eines **kinderlosen** Verstorbenen, dessen Eltern auch schon tot sind, schließt nach dem Gesetz (seit 1.1.2017) die Geschwister des Verstorbenen vom Erbe aus. Die Nichten und Neffen ebenso (Nichten und Neffen waren in so einem Fall aber ohnedies schon seit 1.1.2005 ausgeschlossen, siehe dazu auch den Fall 2 Rz 44).

Wann erbt mein LEBENSGEFÄHRTE?

20 **ACHTUNG**: Der **Lebensgefährte** war bis 31.12.2016 nach dem Gesetz niemals Erbe. Sollte er erben, hat es jedenfalls ein Testament gebraucht. Seit 1.1.2017 gilt: Der Lebensgefährte, der mit dem Verstorbenen zumindest **drei Jahre** vor dessen Tod im **gemeinsamen Haushalt** gelebt hat, erbt. Dies allerdings **nur** dann, wenn der Verstorbene absolut **keine** näheren

und entfernteren **Verwandten** (und natürlich auch keinen Ehepartner) hinterlassen hat. Der Lebensgefährte erbt also nur „**an letzter Stelle**", bevor sich der Staat den Nachlass aneignen darf (siehe dazu Fall 3 Rz 57).

Wenn der Verstorbene und sein Lebensgefährte aus besonderen Gründen **nicht** mehr im **gemeinsamen Haushalt** gelebt haben – weil einer zB pflegebedürftig geworden ist und ins Pflegeheim übersiedeln musste –, dann erbt der überlebende Lebensgefährte dennoch. Aber eben auch nur, wenn es sonst keine Verwandten des Verstorbenen gibt. **21**

Was macht dann aber eine Lebensgemeinschaft aus, wenn die Lebensgefährten nicht zusammenwohnen? Leider steht dazu **nichts im Gesetz**. Der Gesetzgeber hat dem Lebensgefährten seit 1.1.2017 zwar ein gesetzliches Erbrecht gegeben, aber nicht gesagt, wann eine Lebensgemeinschaft beginnt, wann sie endet, und was konkret eine Lebensgemeinschaft ausmacht. **22**

Die Gerichte haben bislang – wenn es etwa um das Eintrittsrecht des Lebensgefährten in Mietverträge gegangen ist – immer gesagt: Es muss eine **Wohn-, Wirtschafts- und Geschlechtsgemeinschaft** vorliegen. Zum Erben braucht es – wenn es gute Gründe gibt, nicht zusammenzuwohnen – keine Wohngemeinschaft (siehe Rz 21). Bleiben die Wirtschafts- und Geschlechtsgemeinschaft. Nur: **Ob** es eine solche Gemeinschaft gegeben hat, darüber kann einzig und allein nur noch der überlebende Lebensgefährte Auskunft geben. Es ist in der Praxis also oft gar nicht so einfach, eine Lebensgemeinschaft mit dem Verstorbenen auch nachzuweisen. Oder eine nur behauptete Lebensgemeinschaft zu widerlegen. **23**

Seit 1.1.2017 hat ein Lebensgefährte auch das sogenannte **Vorausvermächtnis** (siehe dazu auch Rz 236ff): Er hat (wie ein **24**

Ehepartner) das Recht, in der Wohnung weiterzuwohnen und Einrichtung und Haushaltssachen zu behalten. Allerdings: Der Lebensgefährte hat dieses Recht **nur 1 Jahr lang** nach dem Tod des Verstorbenen. Dann muss er aus der Wohnung ausziehen. Einrichtung und Haushaltssachen darf er auch nicht behalten oder gar mitnehmen. Für den Lebensgefährten ist es also nur eine Art „Überbrückung“: Ein Nutzungsrecht an Wohnung und Einrichtung auf ein Jahr, bis er eine neue Bleibe gefunden hat (vgl dazu auch unter Kapitel 4, Rz 273ff).

25 Soll Ihr Lebensgefährte (mehr) erben bzw nicht erst „an letzter Stelle“, brauchen Sie (wie bisher) **jedenfalls** ein **Testament** (siehe dazu Rz 93ff).

WAS sollen meine Angehörigen nach dem Gesetz jeweils erhalten?

26 Um zu bestimmen, **was** und **wieviel** vom Nachlass Ihre Erben erhalten, um also den im Gesetz bestimmten Anteil der Erben zu ermitteln, sind **Rechenaufgaben** zu erledigen. Wer gut im Bruchrechnen ist, tut sich dabei leichter:

27 Hinterlassen Sie **nur Kinder**, teilen diese den Nachlass zur Gänze unter sich auf, und zwar „nach Köpfen“: Es erhalten also Ihre zB drei Kinder je 1/3 Ihres Nachlasses (siehe dazu den Fall 1 Rz 35). Oder zwei Kinder je 1/2 des Nachlasses. Ist eines von drei Kindern schon früher gestorben und hat selbst zB zwei Kinder hinterlassen, so teilen diese beiden **Enkel** das 1/3 ihres verstorbenen Vorfahren, diese beiden Enkel erhalten also je 1/6.

28 Hinterlassen Sie einen **Ehepartner und Kinder**, erhält Ihr Ehepartner 1/3 Ihres Nachlasses, Ihre Kinder teilen „ihre“ 2/3 wieder „nach Köpfen“ auf. Hinterlassen Sie also etwa zwei Kinder, so erhält jedes Kind 1/3. Ihr Ehepartner kann also selbst neben Ihren Kindern – wenn Sie mehr als zwei Kinder hinterlassen – der Erbe mit dem größten Erbteil sein. Haben Sie drei Kinder, so enthält jedes Kind 2/9. Demgegenüber bleibt der Anteil für Ihren Ehepartner neben Kindern immer 1/3.

Sind **keine Kinder** vorhanden, erhält Ihr **Ehepartner** 2/3 Ihres 29
Nachlasses, Ihre Eltern erhalten das verbliebene 1/3, Vater und Mutter erhalten also je 1/6. Sind Ihre **beiden** Eltern bereits **verstorben**, fällt das für die Eltern gedachte Drittel (seit 1.1.2017) an Ihren Ehepartner. Ihr Ehepartner **allein** erhält dann Ihren **gesamten** Nachlass. Ist nur **ein** Elternteil bereits verstorben, so erhält der noch lebende Elternteil 1/6, Ihr Ehepartner erhält (seit 1.1.2017) auch das vom verstorbenen Elternteil „freigewordene" 1/6. Insgesamt erhält Ihr Ehepartner in einem solchen Fall also **5/6**.

Kurzum: Seit 1.1.2017 verdrängt der Ehepartner nach dem Ge- 30
setz beim Erben die Geschwister des Verstorbenen. Und: Der Ehepartner nimmt auch dem noch lebenden Elternteil das vom vorverstorbenen Elternteil „freigewordene" 1/6.

Als Grundregel gilt: Welchen **Anteil** der Einzelne jeweils an 31
der Verlassenschaft **konkret** erhält, bestimmt sich danach, ob und mit allenfalls **welchen anderen** Angehörigen er „**konkurriert**". Und: Der **Ehepartner** bekommt umso **mehr**, je entfernter die Verwandten sind, die neben ihm erben. Sind neben dem Ehepartner nur Brüder/Schwestern des Verstorbenen übrig, bekommt der Ehepartner (seit 1.1.2017) **alles** (siehe dazu den Fall 2 Rz 44).

MEHRERE Erben erben miteinander - was dann?

Hinterlassen Sie **mehrere Angehörige**, die alle nach dem Ge- 32
setz **nebeneinander Erben** sind – also zB mehrere Kinder, oder Ehepartner und Kinder, oder Ehepartner und Eltern – so entsteht automatisch eine **Erbengemeinschaft**. Die Mitglie-

der dieser Gemeinschaft erhalten dann an allen zu Ihrem Nachlass gehörenden Sachen **Miteigentum**. Es sind also zB drei Kinder zu je 1/3 Eigentümer von allen vom Verstorbenen geerbten Sachen. Ihnen gehört somit zB je 1/3 des Grundstücks, je 1/3 des Autos, je 1/3 aller Einrichtungssachen usw. Selbst Haustiere des Verstorbenen gehören dann jedem Miterben zu je 1/3. In der Praxis müssen von Miterben in solchen Fällen aber oft **andere Lösungen** gefunden werden. Denn es kann zB eine Eigentumswohnung nur einer Person oder maximal zwei Personen gehören. Es müssen dann drei Miterben die Ehewohnung entweder gemeinsam verkaufen, wenn keiner der Miterben Eigentümer der Wohnung werden will oder kann. Oder die „weichenden" Miterben müssen von jenem Erben, der die Wohnung allein übernimmt, „ausbezahlt" werden.

33 Miterben müssen **alle Entscheidungen** über die geerbten Sachen **gemeinschaftlich** treffen. Bei einfacheren Entscheidungen (wie zB den Rasen im Garten des geerbten Hauses mähen zu lassen) genügt ein **Mehrheitsbeschluss**. Bei weitreichenden Entscheidungen (zB für den Verkauf oder auch für langfristige Vermietungen oder für die Frage, wer die gemeinsame Sache wie benützen darf) braucht es **Einstimmigkeit**. Wer von seinen Miterben „genug" hat, sich mit seinen Miterben nicht weiter auseinandersetzen oder gar streiten will, der kann die **Teilungsklage** einreichen. Damit kommt es dann meist zur Versteigerung der gemeinsam geerbten Sache (siehe dazu den Fall 1 Rz 35).

34 **Wer mit seinen im Gesetz vorgesehenen Erben, mit der Aufteilung und der Erbengemeinschaft ganz und gar einverstanden ist, braucht kein Testament. Oder vielleicht doch? Welche Folgen und mitunter auch Tücken es haben kann, kein Testament gemacht zu haben, zeigen die folgenden Fälle:**

Fall 1
Drei Geschwister erben - Miterben unter sich

In der Steiermark steht das Elternhaus der drei Geschwister X., das 35
sie im Jahr 2006 nach dem gesetzlichen Erbrecht zu gleichen Teilen geerbt haben. Franz, der Älteste, bewohnt es seit 2005. Er behauptet, er alleine hätte das Haus teuer renoviert. Schon die Eltern hätten gewollt, dass er es einmal bekommen soll, und nicht seine Schwestern. Schwester Johanna hat 2013 eine Teilungsklage eingebracht. Das heißt: Das Haus soll versteigert werden und der Erlös soll zwischen den Geschwistern aufgeteilt werden. Denn Bruder Franz hätte die längste Zeit gratis allein im gemeinsamen Haus gewohnt und nicht einmal die Betriebskosten gezahlt. Franz X. argumentierte, die älteste Schwester Friederike habe ihren Anteil schon längst an ihn übertragen gehabt. Leider sei er aber damit nicht ins Grundbuch gegangen.

Im Sommer 2015 sollte der Wert des Hauses gerichtlich geschätzt werden. Weil Franz X. angeblich angekündigt hatte, sich gegen alles und alle zur Wehr zu setzen, hatte der Gerichtsvollzieher zur Sicherheit schon einmal die Polizei verständigt.

Der Anwalt der Schwestern konnte nur unter Schwierigkeiten ins Haus vorstoßen.

Heftige emotionale Ausbrüche von Herrn X. begleiteten die Schätzung. € 90.000,– sollte das Haus laut Schätzgutachten schlussendlich wert sein. Und das Gericht fällte das Urteil: Der Teilungsklage wurde stattgegeben. Herr X. kündigte an, das Haus nicht verlassen zu wollen, und versuchte jahrelang, das Verfahren zu verschleppen.

(Letzter Wissenstand: Herr X. zahlt jetzt wenigstens die Betriebskosten für das Haus. Damit ist für die Schwestern ein wenig Druck weggefallen, die Versteigerung zu betreiben. Irgendwie scheint die Sache zur Ruhe gekommen zu sein.)

Erbengemeinschaft - (k)ein Segen?

36 Die Eltern der Geschwister X. hatten offenbar **kein Testament** gemacht. Folglich waren nach dem Gesetz die drei Kinder Franz, Friederike und Johanna die **drei Erben**. Sie haben das Haus, und alles, was dazugehört, nach „Köpfen" geteilt. Sie haben also an allen geerbten Sachen – insbesondere auch am Elternhaus – zu **je einem Drittel Miteigentum** erhalten. Auch alles andere gehört jedem Erben zu 1/3: Die Möbel, das Auto, jedes Häferl in der Küche, sogar Haustiere wie Hund und Katze, alles ist ein durch Drei geteiltes Miteigentum.

37 Wenn sich die Erben gut verstehen und sich **einig** sind, wer was behalten oder nutzen darf, kann eine Erbengemeinschaft gut funktionieren. Wenn aber einer – wie im Fall hier Franz – das Haus für sich allein nutzen, ein anderer jedoch seinen Anteil am Haus verkaufen will (wie im Fall hier Johanna das möchte), wird ein **Streit** fast unvermeidlich.

Welche Regeln gelten für die Gemeinschaft?

38 Für **einfache** Entscheidungen, die für das Haus zu treffen sind, wenn also zB ein neuer Gartenschlauch zu kaufen ist oder das Türschloss repariert werden muss, können zwei von drei Erben das entscheiden. Sie sind die **Mehrheit**. Die Kosten, die mit ihren Entscheidungen verbunden sind, werden dennoch durch drei geteilt. In einer **Notsituation** – wenn also zB eine Mauer des Hauses wegen eines Hangrutsches plötzlich gefährdet ist – kann auch **ein** Erbe allein zB das Abpölzen der Mauer in Auftrag geben. Er braucht nicht zu warten, bis alle Miterben zustimmen.

39 Wenn es aber – abseits von solchen Notsituationen – um **wichtige weitreichende** Entscheidungen geht, müssen **alle** drei Erben zustimmen. So zB auch wenn einer der Miterben, wie zB

Franz im konkreten Fall, das geerbte Haus künftig (nicht nur für kurze Zeit) allein für sich nutzen will.

Wie hätte im konkreten Fall eine Einigung aussehen können?

Im konkreten Fall hätten die beiden Schwestern von Franz X. damit **einverstanden** sein müssen, dass ihr Bruder Franz das geerbte Haus für sich allein nutzt. Franz hätte aber seinen Schwestern für die alleinige Nutzung auch Miete **zahlen** müssen, nämlich jeder Schwester 1/3 jenes Betrages, den ein familienfremder Mieter des Hauses an die drei Erben zu zahlen gehabt hätte. Franz hätte selbstverständlich auch die von ihm verursachten (gebrauchsabhängigen) Betriebskosten allein tragen müssen. Nur bei Kosten wie zB der Grundsteuer hätten die Schwestern mitzahlen müssen. 40

Die Auflösung der Gemeinschaft

Wenn eine solche Einigung – die am besten schon im Verlassenschaftsverfahren getroffen wird (siehe dazu im Kapitel 7 „Verlassenschaftsverfahren" Rz 388ff, 431ff) – nicht gelingt, bleibt nur das, was im konkreten Fall die Schwester Johanna gemacht hat: Die **Teilungsklage**. Dann wird der Wert des Hauses von einem gerichtlich zertifizierten Sachverständigen im Auftrag des Gerichts geschätzt. Und es wird letztlich oft die Zwangsversteigerung in die Wege geleitet. 41

Hätten es die Eltern der drei Geschwister X. für ihre drei Kinder doch gar nicht erst zu einer Erbengemeinschaft kommen lassen! Die Eltern hätten in einem Testament zB die Nutzung und die Aufteilung des Hauses regeln können. Dann wäre ihren drei Kindern Franz, Friederike und Johanna das alles wohl erspart geblieben. 42

43 **Manchmal kann es schon deshalb wichtig sein, ein Testament zu machen, weil niemand im Vorhinein weiß, ob er einmal Erbe sein oder ob er – bevor es dazu kommt – vorher nicht selbst vererben wird:**

Fall 2
Wer stirbt zuerst - Nur Lebende erben

44 Ein unglaublicher Fall, der Herrn Jakob X. aus Kärnten passiert ist: Sein alter Onkel Josef und seine Tante Maria sind im Jänner 2016 fast gleichzeitig aus dem Leben geschieden. Onkel Josef war ein reicher Landwirt, er hatte keine Kinder und Herr X. hatte gehofft, den Hof im Wert von fast € 1 Mio. von ihm zu erben. Als der Onkel älter geworden war, hatte er sich bei der Hofarbeit vom Neffen Jakob helfen lassen, und Andeutungen gemacht, er solle dereinst alles bekommen.

In einer kalten Jännernacht starben Josef und Maria N. Nicht nur am selben Tag, wahrscheinlich sogar binnen Minuten. Ganz genau weiß man nicht, was passiert ist. Später wurde rekonstruiert, dass Josef N. im Haus einen Herzanfall erlitten haben muss, Maria N. versuchte, im Nachthemd und auf eine Gehhilfe gestützt, Hilfe für ihren Mann zu holen, denn das Telefon funktionierte nicht. Wie schnell Frau N. um etwa 1 Uhr nachts auf dieser Straße unterwegs war, sollte vor Gericht noch heftig diskutiert werden. Fest steht nur, dass die verzweifelte Frau es schaffte, sich trotz Nebels und Dunkelheit bis zum 300 Meter weit entfernten Haus eines Nachbarn zu schleppen. Dort brach sie zusammen und erfror.

Ihr Gatte wurde am nächsten Tag tot in seinem Bett gefunden. Schriftliches Testament war keines da. Geht man davon aus, dass Maria N. länger gelebt hat als ihr Mann, dann hätte sie das Gut von ihm geerbt. Wäre aber nur ein paar Minuten Eigentümerin gewesen. Und als sie wenige Minuten später selbst starb, hätten 21 Verwandte aus ihrer Linie alles von ihr geerbt. Der Nachfahre von Josef, also der Neffe Jakob, wäre nach dieser Annahme leer ausgegangen. Es kam zum Prozess. Das Gericht bestellte einen renommierten Gerichtsmediziner als Gutachter, der die Frage klären sollte: Wer starb zuletzt? Er hielt sich an die Aussagen der Zeugen, die die Toten gefunden hatten.

Die Aussagen von Notarzt, Gemeindearzt und Polizisten ließen für den Pathologen nur einen Schluss zu: Onkel Josef musste kurz vor seiner Gattin gestorben sein.

Die 21 Prozessgegner von Herrn X. haben sich also durchgesetzt. Und er, der früher oft hier gearbeitet hat, hat jetzt ein Hausverbot von ihnen bekommen.

Mehrfaches „Pech" für den Neffen

Wäre der Fall im Jänner oder im Dezember **2004** passiert, hätte Jakob als **Neffe** von Josef N. nach der gesetzlichen Erbfolge wenigstens **1/3** bekommen: Josef N. hatte **keine Kinder**, seine Ehefrau Maria hätte nach dem Gesetz 2/3 des Nachlasses bekommen. Das verbliebene 1/3 wäre nach dem damals gültigen Gesetz dem nächsten lebenden Verwandten, dem Neffen von Josef, also Jakob zugefallen. Es ist aber (für Jakob leider) das Gesetz geändert worden: Schon seit **1.1.2005** erbt der Ehepartner (Maria) auch jenen Anteil, den die Neffen (und Nichten) eines kinderlosen Verstorbenen nach dem Recht davor neben dem Ehepartner erhalten hätten (vgl schon oben Rz 19). 45

Die **neue** Rechtslage **seit 1.1.2017** hätte dem Neffen Jakob erst recht **nicht geholfen**: Bei Todesfällen ab 1.1.2017 erbt der Ehepartner (Maria) **alles**, wenn der Verstorbene (wie Josef hier) keine Kinder hat und nur Schwestern und Brüder oder Neffen und Nichten hinterlässt. Maria hätte also selbst dann, wenn Josef erst im Jänner 2017 gestorben wäre, schon die noch lebenden **Geschwister,** und erst recht die Neffen und Nichten des Verstorbenen vom Erbe ausgeschlossen. 46

Mehrfaches „Pech" für den Neffen Jakob also: Zum einen, dass sein Onkel Josef „erst" im Jänner 2016, fast könnte man sagen, um mehr als 12 Jahre „zu spät" gestorben ist, und nicht vor dem 1.1.2005. Zum anderen, dass der Onkel **vor** der Tante gestorben 47 ist. Größtes „Pech“ für den Neffen war aber, dass weder Onkel noch Tante ein **Testament** gemacht hatten.

48 Selbst die Tatsache, dass ein Gerichtsmediziner feststellen hatte können, dass die Tante erst nach dem Onkel gestorben war, war für den Neffen nur von Nachteil: Denn hätte **nicht bewiesen** werden können, **wer** von den beiden **zuerst** gestorben ist, wäre nach dem Gesetz **vermutet** worden, dass Onkel und Tante **gleichzeitig gestorben** sind. Dann hätte die Tante vom Onkel den Hof nicht geerbt. Und der Onkel hätte umgekehrt von der Tante auch nichts geerbt. Der Neffe hätte dann als einziger und nächster Verwandter des Onkels vom Onkel den Hof geerbt. Und zwar ohne sich mit den 21 entfernten Verwandten der Tante je darüber streiten zu müssen.

Den Erbfall erleben

49 Um der **Erbe** eines anderen **werden** zu können, muss man – nach alter wie nach neuer Rechtslage – zu allererst **selbst am Leben sein**, wenn der andere stirbt. Tante Maria hat im konkreten Fall nur deshalb den Hof von Onkel Josef geerbt, weil der Gerichtsmediziner zu dem Schluss gekommen ist: **Onkel** Josef muss kurz **vor** Tante Maria **gestorben** sein. Maria hat beim Tod ihres Mannes noch – wenn auch nur mehr kurz – gelebt. Damit hat Maria den Neffen von Onkel Josef vom Erbrecht ausgeschlossen.

50 Wäre es **umgekehrt** gewesen, wäre also **Tante** Maria kurz **vor** Onkel Josef **gestorben**, hätte der Onkel den Nachlass der Tante geerbt. Dann hätte der Neffe Jakob als einziger Verwandter des Onkels von diesem alles geerbt, also den **Hof** des Onkels **und** sogar auch noch das **Vermögen der Tante** (das der Onkel zuvor von der Tante geerbt hätte). Das alles, ohne sich mit den 21 entfernten Verwandten der Tante streiten zu müssen.

Testament und Ersatzerben – So hätte sich für den Neffen der Hof retten lassen

An der zeitlichen Reihenfolge des Sterbens von Onkel und Tante lässt sich nicht rütteln. Aber alles andere hätte **nicht so kommen müssen**: 51

Es hätte – nach alter und neuer Rechtslage – die **Tante** Maria bloß ein einfaches **Testament verfassen** müssen, mit dem sie – wie das ohnehin meist gemacht wird – ihren Ehemann, den Onkel Josef, zu ihrem Erben einsetzt **und** – was bei einem Testament generell nie vergessen werden sollte – auch einen **Ersatzerben bestimmt** (siehe zum Ersatzerben auch noch Rz 132ff). Wenn die Tante nämlich in einem Testament den Neffen **Jakob** zum Ersatzerben bestimmt hätte, wäre Jakob gerade dann der Erbe der Tante geworden, wenn – wie es dann ja auch passiert ist – der Onkel vor der Tante stirbt und der Onkel deshalb nicht mehr Erbe der Tante sein kann. 52

Die 21 entfernten **Verwandten** der Tante hätten bei einem solchen Testament der Tante dann **keine Ansprüche** gegen Jakob erheben können, auch nicht Pflichtteilsansprüche. Denn entfernte Verwandte haben nie einen Pflichtteil (siehe dazu unter Kapitel 3 „Pflichtteil" Rz 196ff), sie wären **leer** ausgegangen. 53

Hätte der **Onkel** Josef dem Neffen doch bloß nicht nur angedeutet, dass Jakob *„dereinst alles bekommen"* soll. Hätte der Onkel doch nur ein **Testament** gemacht und damit seinem Neffen den Hof als Erbe oder Vermächtnis zugedacht (zum Vermächtnis Fall 6 siehe Rz 145ff). Dann hätte Jakob nach dem Tod des Onkels den Hof erhalten. Er hätte allerdings an die Tante (bzw nach dem Tod der Tante an die 21 Angehörigen der Tante) den **der Tante zustehenden Pflichtteil ausbezahlen** müssen, nämlich die Hälfte des Werts des Hofes, im konkreten Fall € 500.000,– (siehe zum Pflichtteil des Ehepartners unter Kapitel 3 „Pflichtteil" Rz 199, 203). 54

55 Der **Onkel** hätte schließlich auch schon zu Lebzeiten mit einem **Schenkungsvertrag auf den Todesfall** bestimmen können, dass der Hof mit dem Tod von Onkel Josef seinem Neffen Jakob geschenkt gilt (siehe dazu im Kapitel 6 „Schenkung" Rz 332ff). Auch dann hätten die 21 entfernten **Verwandten** der Tante den **Hof nicht** erhalten. Denn Tante Maria hätte dann den Hof vom Onkel Josef wegen der Schenkung an Jakob nicht mehr erben können. Der Tante wäre als Anspruch nach dem Tod des Onkels nur der Pflichtteil geblieben. Und hätte die Tante zu Lebzeiten auch auf diesen **Pflichtteil verzichtet**, wären ihre 21 Verwandten auch leer ausgegangen (siehe dazu auch unter Kapitel 3 „Pflichtteil" Rz 230ff).

56 **Bei manchen mag es schlicht Vergesslichkeit sein, nicht rechtzeitig mit einem Testament vorzusorgen. Bei manchen ist es Sparsamkeit. Die kann für die Hinterbliebenen aber mitunter ordentlich teuer werden:**

Fall 3
Wenn die Republik erben will – Die Abstammung zählt

57 Die 30-jährige Frau X. glaubte, für ihr Leben mit dem Erbe der € 450.000,– des Großvaters gut ausgestattet zu sein. Dieses Geld hatte sich der alte Herr H. mit eisernem Willen im Laufe seines Lebens zusammengespart. Aber dann erhob plötzlich die Republik Anspruch auf das ganze Geld.

Herr H. war 75 Jahre alt geworden und hat Sparbücher im Wert von € 450.000,– hinterlassen. Die Enkelin, Frau X., erklärte, wie so etwas möglich war. Von seinen € 1.600,– Pension hätte Herr H. fast nichts ausgegeben. Er wäre sehr kreativ gewesen, wenn es darum ging, Kosten zu vermeiden. Zum Beispiel hätte er nur ein paar Glühbirnen in die Lampen in der Wohnung geschraubt gehabt, nie warm geduscht, kaum geheizt etc. Frau X. war im Alter von 6 Jahren zu ihm gezogen, weil die Mutter, wie sie sagt, im Ausland gearbeitet hat und ihr Vater, Herr H.s Sohn, wegen Drogendelikten im Gefängnis war. Als Frau X.s Vater im Jahr 2005 starb, sagte der Großvater, dass Frau X. jetzt alles erben sollte. Als der immer schwierigerer werdende und schwer zuckerkranke Herr H. merkte, dass es ihm immer schlechter ging, wollte er seiner Enkelin sein Vermögen schenken. Gemeinsam ging man im Jahr 2007 zum Notar. Als Herr H. von der Schenkungssteuer und den Notarskosten hörte, verwarf er diesen Plan.

Was der alte Mann damals nicht erkannte, war, dass der Staat Österreich nach seinem Tod sein ganzes Vermögen kassieren könnte. Als er im Dezember 2010 starb und Frau X. sich als einzige gesetzliche Erbin meldete, stieß sich das Gericht daran, dass man nirgendwo ein Vaterschaftsanerkenntnis des Großvaters für Frau X.s Vater finden konnte. In der Wohnung des Verstorbenen machte sich Frau X. auf die Suche nach Beweisen für ihre Abstammung und stimmte einem DNA-Test zu. Und dann, nach ein paar Wochen, das Ergebnis: Die genetische Übereinstimmung läge bei nur 1,6 Prozent. Das heißt: Frau X. ist mit dem vermeintlichen Großvater gar nicht verwandt.

Frau X. glaubt: Bei der Zeugung ihres Vaters muss ein Unbekannter eine wichtige Rolle gespielt haben. Sie ist sich sicher, dass der Mann, den sie noch immer ihren Großvater nennt, nichts davon gewusst hat. Die Großmutter kann man dazu nicht mehr befragen, die ist schon lange tot.

Jetzt sollte, weil keine blutsverwandten Erben da sind, die Republik Österreich die € 450.000,–Erbschaft bekommen. Mit einem Anwalt versuchte Frau X. gerichtlich zu erkämpfen, dass sie doch noch zur Erbin ihres vermeintlichen Großvaters wird. Der Anwalt meinte, dass drei Argumente für Frau X. sprechen würden. Erstens: Sie pflegte Herrn H. viele Jahre lang unentgeltlich. Zweitens: Auf einem seiner Sparbücher scheint auch ihr Name auf. Und drittens: Der Nachlass ihrer verstorbenen Großmutter sei bei allen Erbschaftsüberlegungen gänzlich außer Acht gelassen worden.

Argument zwei sollte schließlich die Republik Österreich überzeugen. Eines der Sparbücher, ein Kapitalanlagebuch, lautend auf „Herrn H. und/oder Frau X." bewirkte, dass Frau X. wenigstens ein stattlicher Euro-Betrag zufallen sollte.

Die Republik Österreich als „Erbe" - wie ist das möglich?

58 Immer wenn es **keinen Erben** gibt, wird es schwierig: Wenn kein Testament gemacht worden ist. Wenn es keine Angehörigen gibt, die gesetzliche Erben sein könnten. Wenn kein Lebensgefährte da ist, der mit dem Verstorbenen die letzten drei Jahre vor dessen Tod im gemeinsamen Haushalt gelebt hat und deshalb zumindest als „letzter in der Reihe" gesetzlicher Erbe sein könnte. Und wenn nicht einmal sonst wem ein Vermächtnis zugedacht worden ist (siehe zum Vermächtnis Rz 145ff). Immer dann gilt der Nachlass des Verstorbenen als **erblos**.

59 Einen solchen erblosen Nachlass kann der **Staat**, also die Republik Österreich, übernehmen. Sich buchstäblich aneignen. Die Republik wird in diesen Fällen von der Finanzprokuratur vertreten, die sich auf dieses **Aneignungsrecht** des Staates (das bis 31.12.2016 auch „Heimfallsrecht" genannt worden ist) beruft. Es ist in der Praxis gar **nicht so selten**, dass der Staat „erbt". Und es sind oft – wie auch im Fall hier – wertvolle Sachen, die sich die Republik Österreich auf diesem Weg aneignen darf.

Lässt es sich vermeiden, dass sich die Republik alle Vermögenswerte aneignet?

60 Das Aneignungsrecht für den Staat gar nicht erst entstehen zu lassen, ist einfach. Es wäre auch in diesem Fall 3 (Rz 57) so einfach gewesen, hätte es doch sogar **mehrere Wege** gegeben.

Testament - Frau X. als Alleinerbin

61 Der Großvater hätte nur ein einfaches **Testament** verfassen müssen, mit dem er seine (vermeintliche) Enkelin zur **Alleinerbin** einsetzt. Das hätte gar nichts gekostet, hätte er es **handschriftlich** verfasst (siehe dazu unter Kapitel 2 „Testament" Rz 101ff). Dann hätte Frau X. **alles** bekommen. Nicht nur das

ersparte Geld, sondern auch zB die Wohnungseinrichtung des Großvaters und sein Auto. Mit der Republik hätte Frau X. gar nicht erst um den Nachlass streiten müssen.

Hätte der Großvater sich fachkundig beraten lassen, hätte er für einen von einem Anwalt oder Notar aufgesetzten Entwurf für einen Testamentstext (siehe dazu unter Kapitel 2 „Testament“ Rz 110ff) weniger gezahlt, als die für den Schenkungsvertrag veranschlagten Kosten, die sich der Großvater hatte ersparen wollen. 62

Vermächtnis - Frau X. als Vermächtnisnehmerin (= Legatarin)

Der Großvater hätte Frau X. aber **nicht** einmal zur Alleinerbin machen müssen, um das Aneignungsrecht des Staates zu vermeiden. Es hätte irgendein Schriftstück des Großvaters (handschriftlich oder mit Hilfe von Anwalt oder Notar verfasst) genügt, wonach der Großvater der Frau X. (nur) den **gesparten Geldbetrag vermacht**, wonach also Frau X. nach dem Tod des Großvaters dieses Geld **erhalten** soll. Dann wäre Frau X. zwar nicht Erbin des Großvaters gewesen. Es wäre ihr aber der ersparte Geldbetrag als Vermächtnis zugedacht. Sie hätte jedenfalls den ihr zugedachten Geldbetrag erhalten (siehe zum „Vermächtnis“ ausführlich Rz 145ff). Und mehr noch: 63

Frau X. hätte sich dann auch noch auf das sogenannte **außerordentliche Erbrecht der Vermächtnisnehmer** berufen können: Dann wäre sie – auch wenn sie vom Großvater nicht zur Alleinerbin bestimmt worden wäre – doch als Vermächtnisnehmerin (Legatarin) **nicht nur** in den Genuss des ihr **konkret zugedachten Geldbetrages** gekommen. Sie hätte dann auch als bloß Vermächtnisnehmerin **darüber hinaus alles**, also den **gesamten** restlichen Nachlass des Großvaters, für sich als Erbe beanspruchen können. Sie hätte damit die Aneignung des restlichen Nachlasses durch den Staat verhindert. 64

Adoption - Frau X. als gesetzliche Erbin

65 Hätte der Großvater schon zu Lebzeiten gewusst, dass er nicht der leibliche Vater seines Sohnes, also des Vaters von Frau X. ist, hätte der Großvater Frau X. zu Lebzeiten auch **adoptieren** können. Dann hätte er auch kein Testament machen müssen. Denn dann wäre Frau X. schon als adoptiertes Kind des Großvaters seine **gesetzliche** Erbin gewesen (siehe dazu schon oben im Kapitel 1 „Gesetzliche Erbfolge" Rz 15). Auch in diesem Fall hätte Frau X. alles bekommen. Sie hätte sich mit der Republik nicht um das Erbe streiten müssen.

Schenkung an Frau X. zu Lebzeiten

66 Der Großvater hätte sich wohl auch zur **Schenkung** des ersparten Geldes an Frau X. zu Lebzeiten durchgerungen, hätte er gewusst, dass er sich ohne Schenkungsvertrag zwar Notarskosten erspart, Frau X. aber auch um den gesamten Betrag bringt (siehe dazu ausführlich unter Kapitel 6 „Schenkung" Rz 332ff).

Neu seit 1.1.2017: Frau X. als Lebensgefährtin?

67 Hätten der Großvater und Frau X. schon zu Lebzeiten des Großvaters gewusst, dass beide miteinander nicht blutsverwandt sind, und wäre der Großvater **erst nach dem 31.12.2016 verstorben**, hätte sich vielleicht auch die Frage gestellt, ob Frau X. nicht als Lebensgefährtin des Verstorbenen alles erben hätte können. Dies, weil sie mit ihm jedenfalls die letzten drei Jahre vor seinem Tod im gemeinsamen Haushalt gelebt hat. Hätte damit eine Aneignung durch die Republik verhindern werden können? Wohl eher nicht. Denn: Wann beginnt eine Lebensgemeinschaft? Welche Merkmale hat sie? Wann endet sie? Den Verstorbenen hätte man nicht mehr befragen können, die Lebensgemeinschaft also nicht gut nachweisen können. Es wäre daher **jedenfalls besser** gewesen, wenn der Verstorbene Frau X in einem **Testament** als Erbin eingesetzt hätte. Nur dann

wäre die Aneignung durch den Bund ohne jeden Zweifel ausgeschlossen gewesen.

Dass die Republik die Sparbücher, die auf den Großvater und Frau X. lauteten, zum Anlass nahm, der Frau X. doch einen „*stattlichen*" Betrag – aber eben nicht den gesamten Betrag – zu überlassen, war ein **Entgegenkommen** (wohl dank der Überzeugungskraft des Anwalts der Frau X.). Denn auch wenn die **Sparbücher** auf den **Namen** des Großvaters **und** der Frau X. lauteten, heißt das noch lange nicht, dass die Guthaben beiden je zur Hälfte gehörten. Frau X. hätte erst **nachweisen** müssen, dass der Großvater ihr – indem er sie als Mitinhaberin der Sparguthaben bei der Bank eintragen ließ – die Guthaben zur Hälfte auch **geschenkt** hat (siehe dazu ausführlich Kapitel 6 „Schenkung" Rz 332ff). 68

Die Abstammung zählt für die gesetzlichen Erben

So aber – weil der Großvater gar **nichts** unternommen hat – ist nur die **gesetzliche Erbfolge** geblieben. Also jene Erbfolge, die nach dem Gesetz eintreten soll, **wenn** der Verstorbene **kein Testament** oder sonst irgendeine schriftliche Anordnung hinterlassen hat (dazu schon oben Rz 14ff). 69

Wir erinnern uns: Gesetzliche Erben sind (neben dem Ehepartner) in erster Linie – nach alter wie nach neuer Rechtslage ab 1.1.2017 – die **Kinder** des Verstorbenen, und wenn die Kinder verstorben sind, die Kindeskinder, also die **Enkel** des Verstorbenen (siehe dazu schon oben Rz 15). Als Kind des Verstorbenen gilt – abgesehen von Adoptierten – nur, wer vom Verstorbenen **abstammt**, sei es als Sohn oder Tochter oder auch als Enkel oder Urenkel (Kindeskind), und zwar ganz **unabhängig** davon, ob **ehelich oder unehelich** geboren. 70

71 Ist das einzige Kind – wie im Fall hier der Sohn des Großvaters – verstorben, so erbt nach dem Gesetz dessen Kind, also Frau X als **Enkelkind** des Großvaters. Da Frau X. zwar von ihrem Vater abstammt, ihr Vater aber nicht vom Großvater, gilt Frau X. **nicht** als Enkelin des Großvaters, mag sie dem Großvater auch sehr nahegestanden sein. Sie erbt daher von ihrem vermeintlichen Großvater nach dem Gesetz gar **nichts**.

Wie wird die Abstammung überprüft oder bewiesen?

72 Die **Abstammung** ergibt sich im Regelfall aus der Geburtsurkunde. Oder eben aus einem Vaterschaftsanerkenntnis oder einer gerichtlichen Vaterschaftsfeststellung. Kann eine solche Urkunde nicht gefunden werden, helfen ein **DNA-Test** und ein **Antrag bei Gericht**. Zur Feststellung der Abstammung ist ein solcher Abstammungsbeweis auch nach dem Tod des fraglichen Vaters unbefristet möglich. **Allerdings**: Die erbrechtlichen Ansprüche, die aus der Feststellung der Abstammung folgen, müssen innerhalb von drei Jahren (wenn zB ein Testament anzufechten ist) geltend gemacht werden (zur Verjährung vgl Fall 3a Rz 75).

73 Umgekehrt ist auch die Feststellung, dass ein Kind von einem Verstorbenen **nicht abstammt**, möglich. Sie kann zwar auch von den Erben des Vaters oder des Kindes beantragt werden, ist aber im Regelfall nur zwei Jahre lang möglich. Die Frist läuft ab Kenntnis jener Umstände, die gegen die Abstammung des Kindes vom Ehemann der Mutter sprechen.

74 **Allzu lang Zeit lassen sollte sich ein erbberechtigtes (uneheliches) Kind nicht – denn Verjährung könnte drohen, wie der nächste Fall zeigt:**

Fall 3a

Der überraschende Sohn - Zuspätkommen hat Folgen

Ein Liebesabenteuer in den 60er Jahren führt knapp 50 Jahre später zu heftigen Auseinandersetzungen. Im Zentrum steht die alte Frau Herta. Sie war jahrzehntelang verheiratet, aber die Ehe mit ihrem Alois blieb kinderlos. 2003 ist ihr Mann dann gestorben und sie wurde aufgrund seines Testaments seine Alleinerbin. Und im Jahr 2011 hat sie einen Brief bekommen. Da stand: Ihr Alois hätte doch einen Sohn gehabt. Geboren 1961. Und er könne auch mit einem DNA-Gutachten (ein Haar der Schwester von Alois) beweisen, dass er der leibliche Sohn von Alois ist. Offenbar hatte Alois vor seiner Ehe mit Herta ein Verhältnis mit einer anderen Frau gehabt. 75

Was heißt das jetzt rechtlich? Wem steht der Hof jetzt zu? Gilt die jetzige Rechtslage für uneheliche Kinder oder eine frühere, ist die Sache verjährt, kann sie überhaupt verjähren?

Der Sohn forderte letztlich bei Gericht seinen Pflichtteil ein. Und zwar ein Drittel der Liegenschaft, zu der auch einige Waldstücke gehören. Gesamtwert: Rund 600.000 Euro. Immer wieder betonte der Sohn, dass er die alte Frau Herta nicht von ihrem Hof vertreiben möchte. Sein Lösungsvorschlag: Ein Grundbuchseintrag, mit dem geregelt wird, dass die Liegenschaft nach dem Tod von Herta an ihn übergeht. Aber das kam für Herta nicht in Frage.

Mittlerweile gibt es das Urteil des Obersten Gerichtshofes. Das Ergebnis: Herta kann den Hof behalten. Der Oberste Gerichtshof führte aus, dass die Ansprüche des Sohnes jedenfalls verjährt sind. Dass der Sohn von seinem Vater zunächst selbst gar nichts gewusst hat, spielt dabei keine Rolle.

Im konkreten Fall waren die Gerichte der Meinung, dass der Sohn schon früher tätig hätte werden müssen: Alois ist 1993 gestorben, erst knapp 18 Jahre später hat der Sohn seine Pflichtteilsansprüche geltend gemacht. Das ist (damals) **zu spät** gewesen: Denn nach der bis 31.12.2016 geltenden Rechtslage 76 mussten solche Ansprüche innerhalb von **3 Jahren ab dem Tod** des Verstorbenen erhoben werden, sonst waren sie **verjährt**. Dies selbst dann, wenn der Sohn beim Tod des Alois irrtümlich – weil damals niemand von ihm wusste – übergangen worden ist. Die Verjährung war auch unabhängig davon, wann der Sohn vom Tod des Alois erstmals erfahren hat.

77 Nach der **neuen** Rechtslage – wenn Alois also **erst 2017 gestorben** wäre – wäre der Fall vielleicht anders ausgegangen: Es gilt zwar immer noch die Frist von **3 Jahren**, innerhalb der solche Ansprüche geltend gemacht werden müssen. Nur: Bei Todesfällen ab 1.1.2017 beginnt diese Frist erst zu laufen **ab Kenntnis der maßgeblichen Umstände**. Wenn der Sohn also etwa erst 2023 vom Tod des Alois im Jahr 2017 erfahren würde (und davon auch nicht früher erfahren hätte können), wären seine Pflichtteilsansprüche nicht verjährt, obwohl seit dem Tod von Alois dann schon mehr als 3 Jahre vergangen wären.

78 **Dass mitunter – wenn kein (gültiges) Testament da ist – nach dem Gesetz auch solche Personen Erben sein können, die dem Verstorbenen gar nicht nahe waren, zeigt der folgende Fall:**

Fall 4
Erste oder zweite Ehefrau? - Gesetz vor Testament?

79 Hilde O., erste – geschiedene – Ehefrau des 2016 verstorbenen Bildhauers Arno A., sollte laut Testament dessen Haus bekommen. Rita A., die zweite Ehefrau, war dagegen und behauptete, sie wäre als nichtgeschiedene Ehefrau die gesetzliche Erbin.

Rita A., die zweite Ehefrau von Arno A., besucht regelmäßig dessen Grab. Das Eheglück währte zwar nur kurz und sie lebte lange Jahre von Arno getrennt. Aber offiziell waren sie bis zu seinem Tod verheiratet.

Hilde O., die erste Gattin von Herrn A., behauptete, sie hätte ihren Ex-Mann in seinen letzten Lebenstagen aufopfernd gepflegt. Obwohl sie längst geschieden waren. Ehefrau Nummer 2 hingegen hätte sich überhaupt nicht um Herrn A. gekümmert. Frau O. war auch in seiner Todesstunde beim schwerkranken Arno.

Weil Rita A. am Papier bis zuletzt mit dem gutmütigen Arno verheiratet war, und weil er keine Kinder hatte, glaubte sie, seine Alleinerbin zu sein. Frau Hilde O. wies aber ein handgeschriebenes Testament zu ihren Gunsten vor. Wenn dieses Testament gültig wäre, würde Rita A. nur den Pflichtteil bekommen. Das wäre die Hälfte des Erbes.

Aber leider hat Hilde O. – sie ist Lehrerin – ins handgeschriebene Testament von Arno zwei kleine Ergänzungen dazugeschrieben. Damit man alles besser versteht, meinte sie. Der Text und die Unterschrift seien aber „original“ vom Verstorbenen.

Die Gegnerin, Rita A., meinte, so ein verfälschtes Testament müsse doch ungültig sein. Sie sei Alleinerbin.

Ein Graphologe prüfte im Auftrag des Gerichts, wer was im Testament geschrieben hatte. Sein Fazit: Frau O. hat nur zwei, den Willen des Erblassers nicht verfälschende Zusätze gemacht. Das Ergebnis: Nach langem Hin und Her stellte der Oberste Gerichtshof fest, dass das Testament gültig ist. Frau O.s Ergänzungen seien kein Problem. Die Folge: Das Haus wird jetzt verkauft, Frau O. und Frau A. teilen sich den Verkaufserlös.

Bis dass der Tod Euch scheidet – der Ehepartner erbt immer

Wie wichtig es doch sein kann, ein Testament gemacht zu ha- 80
ben: Hätte Arno A. kein Testament gemacht, wäre seine **zweite
Ehefrau** Rita seine gesetzliche Erbin gewesen. Dies auch, wenn
sie von Herrn A. getrennt gelebt hat, sich um ihn nicht wirklich gekümmert hat und ihm gar nicht mehr so nahestand. Die

zweite Ehefrau Rita A. ist und bleibt als „Immer-noch-Ehefrau“ die **gesetzliche Erbin** ihres Ehemannes Arno. Denn für das Erbrecht gilt: **Solange** die zweite Ehefrau Rita mit Arno – wenn auch nur auf dem Papier – **verheiratet** war, ist sie seine gesetzliche Erbin gewesen.

81 Und selbst wenn Arno – wie hier – mit einem Testament seine erste – von ihm geschiedene – Frau Hilde O. zur Erbin macht, hat die mit ihm verheiratete zweite Frau immer noch Anspruch auf den **Pflichtteil**, nämlich auf die **Hälfte** dessen, was sie als **gesetzliche** Erbin bekommen hätte (siehe dazu ausführlich Kapitel 3 „Pflichtteil“ Rz 196ff). Und das Vorausvermächtnis erhält die vom Verstorbene nicht geschiedene Ehefrau meist auch noch (siehe auch unter Kapitel 4 „Vorausvermächtnis“ Rz 236ff).

Hätte ein Scheidungsverfahren daran etwas geändert?

82 Die zweite Ehefrau Rita A. bleibt **so lange** gesetzliche Erbin von Arno, als ihre **Ehe** mit Arno bei dessen Tod noch **nicht rechtskräftig geschieden** ist. Wenn Arno also die Scheidungsklage bereits eingereicht gehabt hätte, wäre Rita dennoch seine gesetzliche Erbin (und Pflichtteilsberechtigte) geblieben. Denn eine Ehe ist so lange nicht geschieden, als der **Scheidungsbeschluss** noch **nicht endgültig** unabänderlich (rechtskräftig) geworden ist.

83 Aus der Praxis: Es sind nicht wenige, die sich scheiden lassen wollen, aber sterben, bevor die Scheidung noch rechtskräftig geworden ist …

Was gilt seit 1.1.2017?

Es bleibt dabei: Solange die Ehe nicht rechtskräftig geschieden ist, erbt der überlebende Ehepartner. Es wäre also dabei geblieben, dass Rita als Ehefrau von Arno dessen gesetzliche Erbin gewesen wäre, selbst wenn Arno erst 2017 gestorben wäre. 84

Neues gilt nur, wenn ein **Scheidungsverfahren läuft** und einer der Ehepartner stirbt, **bevor** es noch zur Scheidung kommt: 85

Wäre Arno erst 2017 verstorben und zu diesem Zeitpunkt schon ein Scheidungsverfahren gelaufen, hätte es dazu kommen können, dass Rita nicht erbt und auch keinen Pflichtteil bekommt: Dann nämlich, wenn Arno und Rita in diesem laufenden Scheidungsverfahren bereits eine **Vereinbarung** über die **Aufteilung** ihrer gemeinsamen Ersparnisse und des ehelichen Gebrauchsvermögens abgeschlossen gehabt hätten. Dann würde diese Vereinbarung – die an sich nur gelten soll, wenn die Scheidung rechtskräftig „durch" ist – **im Zweifel auch schon vorher** gelten. Dann nämlich, wenn Arno während des Scheidungsverfahrens stirbt. Rita würde dann anstelle ihres Erbteils (bzw Pflichtteils) das bekommen, was ihr nach der Vereinbarung zusteht, also das Aufteilungsergebnis. 86

Wenn hingegen beim Tod eines Ehepartners das Scheidungsverfahren zwar läuft, aber keine solche Aufteilungsvereinbarung vorliegt, bleibt es dabei: Der überlebende Ehepartner erbt. Ganz so, als wäre das Scheidungsverfahren gar nicht erst begonnen worden. 87

Vorrang des Testaments vor dem Gesetz

Ein **Testament** – wenn es denn **gültig** ist (siehe dazu unter Kapitel 2 „Testament" Rz 93ff) – **geht** der gesetzlichen Erbfolge **immer vor**. Gibt es ein Testament, kommen die **gesetz-** 88

lichen Erben nicht mehr zum Zug, wenn sie im Testament nicht bedacht worden sind. Sind Kinder oder der Ehepartner im Testament nicht bedacht, **bleibt** ihnen nur der **Pflichtteilsanspruch**. Das ist der Anspruch auf Zahlung der Hälfte des Werts jenes Erbteils, den sie als gesetzliche Erben erhalten hätten (siehe dazu unter Kapitel 3 „Pflichtteil" Rz 196ff).

89 Im konkreten **Fall 4** hätte Rita A. als (nicht geschiedene) Ehefrau des kinderlosen Arno nach dem Gesetz alles geerbt. Sie hätte somit das Haus von Arno für sich alleine bekommen. Mit dem Testament hat Arno aber seine geschiedene erste Frau Hilde O. zur Alleinerbin bestimmt, sie sollte das Haus erhalten. Für Rita A. ist folglich als **Pflichtteil** der Anspruch geblieben, die **Hälfte** des Werts des Hauses in Geld ausbezahlt zu bekommen. Somit blieb Hilde O. wohl gar **nichts anderes übrig**: Um den Pflichtteil an Rita A. **auszahlen** zu können, **musste** Hilde O. das ihr von Arno zugedachte Haus **verkaufen** und den Erlös mit Rita je zur Hälfte teilen (siehe dazu auch Kapitel 3 „Pflichtteil" Rz 196ff).

90 Nach der **neuen Rechtslage ab 1.1.2017** hätte Arno seiner Hilde O. einen solchen „Notverkauf" vielleicht ersparen können: Wäre Arno erst 2017 gestorben und hätte er im Testament vorgesehen, dass seine geschiedene erste Frau der Witwe den Pflichtteil nur **in Raten** in 5 Jahren auszahlen muss, hätte Hilde O. als Erbin das Haus vielleicht nicht verkaufen müssen. Sie hätte sich die ratenweise Pflichtteilszahlung an Rita A. vielleicht leisten können. Allerdings: Hilde O. hätte dann auch noch 4 % Zinsen pro Jahr an Rita A. zahlen müssen. Der Erbin wäre diese Ratenzahlung also recht teuer gekommen (zu Ratenzahlung und Stundung des Pflichtteils siehe unter Rz 209).

91 Hätte Arno A. **kein Testament** gemacht, oder wäre das Testament, das er verfasst hat, vom Obersten Gerichtshof als un-

gültig behandelt worden, wäre seine erste geschiedene Ehefrau Hilde O. – nach alter und neuer Rechtslage seit 1.1.2017 – überhaupt leer ausgegangen. Dies, obwohl sie Arno nähergestanden ist als Rita. Als **geschiedene** Ehefrau von Arno ist Hilde O. eben **nicht** mehr seine **gesetzliche** Erbin. Als Geschiedene hat sie auch **keinen Pflichtteilsanspruch**. Sie hätte für die aufopfernde Pflege von Arno von dessen gesetzlicher Erbin Rita allerdings ein Entgelt verlangen können, mehr aber nicht (zum Pflegevermächtnis seit 1.1.2017 siehe Rz 277ff).

Ausbesserungen im Testament durch Dritte?

Hilde O. hatte im Fall 4 in bester Absicht vermeintliche Fehler 92
im Testament von Arno ausbessern wollen. Das hätte sie **beinahe um ihr Erbe gebracht**: Denn die **Gefahr**, dass das **Testament**, das Arno für Hilde gemacht hatte, wegen der von Anna verfassten Zusätze als **ungültig** anzusehen gewesen wäre, war groß. Für die Form von Testamenten gelten nämlich strenge Vorschriften, **eigenmächtige Ausbesserungen sollten besser unterbleiben** (siehe zu diesem Fall auch noch ausführlich im Kapitel 2 „Testament" Rz 104).

2. Wissenswertes zum Testament

Sind Sie mit der Erbfolge, so wie vom Gesetzgeber für Sie bestimmt (vgl Rz 14ff), zufrieden? Die **gesetzliche Erbfolge** kommt ja dem sehr **nahe**, was die meisten ohnedies festlegen **wollen**: Die nächsten Angehörigen, Ehepartner und Kinder, sollen die Erben sein und das Ererbte gemeinsam fortführen. 93

Oder ist es doch **anders**? Wer zB nicht verheiratet ist, keine Kinder hat, aber in einer Lebensgemeinschaft lebt, vererbt sein Vermögen nach dem Gesetz seinen Eltern oder den Geschwistern. Der Lebensgefährte erhält nach dem Gesetz in solchen Fällen nichts. Selbst nach dem neuen Erbrecht seit 1.1.2017 ist der Lebensgefährte nur „letzter" Erbe. Nur dann nämlich, wenn der Verstorbene gar keine nahen oder entfernteren Verwandten hinterlässt (vgl dazu oben Rz 20ff). Das passt wohl nicht jedem. 94

Manche hätten auch lieber, dass zB Haus und Wohnung **nicht** ihren zwei Kindern je zur Hälfte in einer Erbengemeinschaft vererbt werden, wie vom Gesetz vorgesehen. Sie würden ihre Vermögenswerte lieber konkret einzelnen Erben **zuteilen**. Also 95 zB die Wohnung an den Sohn und das Ferienhaus an die Tochter.

96 Manche wollen auch erreichen, dass sich ihre Erben in bestimmter Weise **verhalten** sollen. Also zB das Grab pflegen, oder sich um den Hund kümmern, oder auch erst das Studium fertigmachen sollen, bevor sie erben. Schließlich wünschen sich nicht wenige, dass bestimmte nahe Angehörige, die nach dem Gesetz Erben wären, sich aber gravierend böse verhalten haben, **nichts bekommen**, von jedem Erbe also gänzlich ausgeschlossen werden sollen (siehe dazu im Kapitel 5 „Enterbung" Rz 286ff).

97 **In allen diesen Fällen braucht es ein Testament. Nur: Sie haben keines, brauchen eines und fragen sich: WIE mache ich es richtig? WAS schreibe ich konkret? Muss ich bestimmte Wörter verwenden? Oder Formulierungen? Um Fehler möglichst zu vermeiden, sollten Sie folgendes wissen:**

WIE verfasse ich ein Testament?

98 Zur **Form** von Testamenten – also zur Frage, **wie** ein Testament auszusehen hat – bestehen strenge Vorschriften. Sind sie nicht eingehalten, ist Ihr Testament ungültig (siehe auch Fall 7 Rz 162). Beim **Inhalt** des Testaments sind Sie freier. Sie können das, was Sie festlegen wollen, **frei formulieren**. Sie sollten aber darauf achten, sich **möglichst klar** auszudrücken. Denn sonst kann die Auslegung Ihres Testaments Streit unter Ihren Erben und lange kostenaufwändige Verfahren verursachen.

Wie wird ein Testament am besten GESCHRIEBEN? - Zu den FORMEN

Sie können Ihr Testament entweder zur Gänze in Ihrer **Hand- 99
schrift** verfassen. Ihr Testament kann aber auch in **fremder Schrift** (am Computer oder von einer dritten Person) geschrieben werden. Nur ganz ausnahmsweise, nur in bestimmten Notfällen, kann auch ein von Ihnen mündlich erklärtes Testament gültig sein.

Wenn Ihr – wie auch immer verfasstes – Testament allen An- 100
forderungen entspricht, ist es gültig. Es ist ein handschriftliches Testament **nicht „besser" oder „schlechter"** als ein am Computer geschriebenes Testament. Gibt es mehrere Testamente, die alle der Form nach keinen Fehler haben, kommt es nur darauf an, welches Testaments das sogenannte „**jüngste**" ist. Das „jüngste" ist das letzte vor dem Tod verfasste Testament. Dieses Testament hat **Vorrang** vor allen älteren. Das aber **nur**, wenn es im **Original** vorliegt. Kopien reichen nicht.

HANDSCHRIFTliches Testament

Den **Text** Ihres Testaments können Sie selbst mit eigener Hand 101
in Ihrer Handschrift verfassen. Dann müssen Sie diesen Text bloß noch selbst **unterschrieben**.

Ein **Datum** dazuzuschreiben, ist für die Gültigkeit des Testa- 102
ments an sich nicht notwendig. Es empfiehlt sich aber – vor allem wenn es frühere Testamente gibt – doch. Dann ist nämlich klar, welches Testament das letzte („jüngste") ist.

Ein handschriftliches Testament verlangt freilich eine **leser- 103
liche Handschrift**. Im Text sollten sich – zur Vermeidung von Streitfragen – möglichst auch **keine Ausbesserungen** und Streichungen finden. Wer sich verschreibt, sollte mit dem

Schreiben besser nochmals neu von vorne beginnen. **Und**: Der **Testamentserbe** muss dereinst **beweisen** können, dass es wirklich die Handschrift des Verstorbenen ist. Das gelingt meist nur mit Original-Handschriftproben. Wie auch Fälschungen sich nur mit solchen Proben entlarven lassen. Für einen Testamentserben kann es also sehr wichtig sein, Handschriftliches in Händen zu haben, das der Testamentserrichter verfasst hat, und diese Originale aufzubewahren:

Fall 4a
Fälschungen? Original-Schriftproben entscheiden

103a Als die betuchte, kinderlose Annemarie B. im Jahr 2019 im Alter von 82 Jahren in Salzburg verstarb, waren ihre Verwandten davon überzeugt: Die Tante werde ihren Nachlass auf sie und etliche Freunde großzügig aufteilen.

Umso überrascht waren die Verwandten, als wenige Tage nach dem Tod von Frau B. ein Testament auftauchte, das einen früheren Arbeitskollegen der Tante aus der Bank als Alleinerben vorsah. Ihre Nichten sind davon überzeugt, dass das nicht der letzte Wille der Tante gewesen sein kann. Seit mittlerweile vier Jahren versuchen sie, das vor Gericht mit Handschriftanalysen zu beweisen. Ihr Trumpf: Eine deutsche Schriftsachverständige schreibt: „Wahrscheinlich wurde das geprüfte Testament nicht von Annemarie B. eigenhändig geschrieben und unterschrieben.

Wenn sich das Gericht in diesem Fall davon überzeugen lässt, dass die deutsche Sachverständige recht hat, haben die Verwandten von Annemarie B. gerade noch einmal Glück gehabt. Denn hätten die Nichten keine Original-Handschriftproben der Tante gehabt, wäre eine graphologische Untersuchung gar nicht möglich gewesen.

Zum handschriftlichen Testament des Bildhauers Arno A. im Fall 4

Im Fall 4 (Rz 79) hatte der Bildhauer Arno A. ein **handgeschriebenes** Testament zugunsten seiner ersten – von ihm geschiedenen – Ehefrau Hilde O. verfasst. Leider hatte Hilde – sie war Lehrerin – ins handgeschriebene Testament von Arno *„zwei kleine Ergänzungen dazugeschrieben, damit man alles besser versteht"*. 104

Mit diesen **Zusätzen** hat Hilde das von Arno handgeschriebene Testament **beinahe ungültig gemacht**. Denn ein handgeschriebenes Testament muss **zur Gänze** von jenem – und **nur** von jenem – in Handschrift verfasst sein, der das Testament macht. Wer im handschriftlichen Testamentstext einer anderen Person Änderungen vornimmt – und sei es auch nur Schreibfehler ausbessert, oder *„nicht schön Geschriebenes"* besser leserlich machen will –, **verfälscht** damit die Testamentsurkunde. Das Testament ist dann im Regelfall **ungültig**. 105

Hilde O. hatte somit ein Riesenglück, dass der Oberste Gerichtshof die vom Graphologen erkannten Verfälschungen im Testament von Arno durch Hilde gerade noch durchgehen hat lassen (weil die *„kleinen Ergänzungen"* von Hilde O. nur Unwesentliches betroffen haben). 106

Vorteile und Nachteile handgeschriebener Testamente

Der größte **Vorteil** des handschriftlichen Testaments: Es ist **einfach** zu machen. Sie können sich jederzeit hinsetzen, den Text mit der Hand schreiben und unterschreiben, und schon ist Ihr Testament fertig. Wenn die Anordnungen **nicht allzu aus-** 107

führlich sind und in seitenweise Handgeschriebenes münden, ist das handschriftliche Testament nur zu empfehlen.

108 Ebenso leicht ist die **Abänderung**: Es wird einfach ein **neues** Testament mit der Hand geschrieben und unterschrieben und ein späteres Datum hinzugefügt. Gut ist es auch, das **alte** Testament im neuen ausdrücklich zu **widerrufen**, also etwa zu schreiben *„Hiemit widerrufe ich alle meine früheren letztwilligen Verfügungen"*.

109 Der **Nachteil** des handschriftlichen Testaments: Es braucht eine **besonders sichere Verwahrung**. Denn wenn es etwa von einem Angehörigen gefunden wird, dem der Inhalt nicht gefällt und der es deshalb verschwinden lässt, nützen noch so viele Kopien des handschriftlichen Testaments, die dann doch noch gefunden werden, nichts. Es zählt nämlich nur das Original. **Und**: Es lauert auch beim handschriftlichen Testament – wenn es zB von Eheleuten **gemeinsam** verfasst wird – mitunter so manche Tücke (siehe dazu Rz 138ff).

FREMDSCHRIFTliches Testament

110 Sie können den Text des Testaments auch in „**fremder Schrift**" verfassen (lassen). Der Text wird dafür entweder in der Handschrift einer zweiten Person oder **EDV**-unterstützt oder auch mit der **Schreibmaschine** geschrieben. **ACHTUNG**: Selbst wenn Sie als der Testamentserrichter selbst am Computer sitzen und den Text Ihres Testaments „eigenhändig" in die Tasten klopfen: Es müssen – anders bei dem in eigener Handschrift verfassten Text – dann doch noch **zusätzlich besondere Förmlichkeiten** eingehalten werden:

111 **Für Testamente, die bis zum 31.12.2016 gemacht worden sind, war folgendes zu beachten:** Der, der das Testament

machen wollte, musste den Text mit seinem Namen **unterschreiben**. **Zusätzlich** mussten noch **drei Zeugen** mit ihrer Unterschrift auf dem Testament **bestätigen**, dass der Testamentserrichter den Text als seinen letzten Willen vor ihnen bekräftigt hat.

Die Zeugen mussten den Inhalt des Testaments nicht kennen, jedoch auf der Urkunde selbst unterschrieben, und zwar mit einem **Zusatz**, dass sie hier als **Testamentszeugen** unterschrieben haben. Das Testament musste – wenn es aus mehreren **losen Blättern** bestand – sogleich durch Binden oder Nähen der losen Blätter untrennbar fest **verbunden** werden.

Sind alle diese Förmlichkeiten eingehalten, bleibt ein fremdschriftliches Testament, das bis zum 31.12.2016 so gemacht worden ist, auch nach dem 1.1.2017 formgültig.

Für Testamente, die ab dem 1.1.2017 gemacht werden, ist 112
es schwieriger geworden: Wenn Sie nun ein fremdschriftliches Testament machen wollen, müssen Sie den (bereits vorgeschriebenen) Text mit Ihrem Namen unterschreiben. **Und** auch noch mit **Ihrer Handschrift** den **Zusatz** ergänzen, dass die Urkunde Ihren letzten Willen enthält. **Drei Zeugen** müssen mit ihrer Unterschrift **und** ihrem handschriftlichen Zusatz „*als Testamentszeuge*" auf Ihrem Testament bestätigen, dass Sie als Testamentserrichter den Text als Ihren letzten Willen vor den drei Zeugen mit Ihrer Unterschrift und Ihrem handschriftlichen Zusatz bekräftigt haben.

Die Zeugen müssen den Inhalt Ihres Testaments nicht kennen. 112a
Es muss aber **aus** dem Testament die **Identität der Zeugen hervorgehen**. Es sollten also Namen und Adressen der Zeugen gut lesbar im Testament festgehalten werden.

112b Wenn Ihr Testament so viel Text enthält, dass Sie mehrere **lose Blätter** zum Beschreiben brauchen: **Verbinden** Sie die losen Blätter untrennbar (mit zB zumindest drei Heftklammern am Rand), noch **bevor** Sie selbst das Testament unterschreiben. Oder verwenden Sie von vornherein ein A3-Format. Sonst ist Ihr (fremdschriftliches) Testament allein deshalb – weil es aus losen Blättern besteht, die nicht bereits beim Unterschreiben untrennbar fest verbunden gewesen sind – schon von vornherein **formungültig**.

112c **Kurzum**: Wenn Sie ein solches fremdschriftliches Testament machen und dabei auch nur die **geringste Kleinigkeit falsch** machen, **riskieren** Sie, dass Ihr Testament **ungültig** ist. Fremdschriftliche Testamente sollten Sie daher besser nicht ohne rechtliche Beratung (durch Rechtsanwalt oder Notar) verfassen. Es wäre schlimm, wenn Ihr letzter Wille nicht gilt, nur weil Ihnen ein Formfehler passiert ist.

Kann jedermann TestamentsZEUGE sein?

113 **Für Testamente, die bis zum 31.12.2016 gemacht worden sind,** war zu den **Zeugen** folgendes zu beachten: Die Zeugen durften **mit dem im Testament Bedachten nicht nahe verwandt oder verschwägert** sein. Wenn zB die Tochter nach dem Testament Erbin sein sollte, konnte der Ehemann der Tochter (der Schwiegersohn) nicht Testamentszeuge sein. Denn sonst wäre die Anordnung zugunsten der Tochter ungültig. Wenn die Großmutter in ihrem Testament den Enkel zum Erben eingesetzt hat, konnte der Großvater auch nicht Zeuge sein. Sonst wäre die Anordnung, dass der Enkel Erbe sein soll, ungültig.

114 **Für Testamente, die ab 1.1.2017 gemacht werden, ist der Kreis der Personen, die Testamentszeugen sein können,**

stark eingeschränkt: Als Zeugen **ausgeschlossen** sind natürlich – wie bisher – der im Testament Bedachte, sein Ehepartner oder Lebensgefährte. Ebenso die Eltern, Kinder und Geschwister des Bedachten wie auch die Eltern, Kinder und Geschwister seines Ehepartners oder Lebensgefährten. Als Testamentszeugen ausgeschlossen sind, abgesehen davon, auch zB der Vorsorgebevollmächtigte des Bedachten, weiters der gesetzliche Vertreter des Bedachten, dessen Machthaber oder Dienstnehmer. Ebenso ausgeschlossen sind, wenn der Bedachte etwa eine GmbH, eine Aktiengesellschaft, eine Stiftung oder ein Verein sein soll, die Organe (Vorstände, Obmänner, Geschäftsführer) dieser Einrichtungen.

Gibt es Testamentszeugen, die IMMER richtig sind?

Ganz sicher, drei „richtige" Zeugen „erwischt" zu haben, kön- 115
nen Sie sein, wenn Sie Ihr Testament mit Hilfe eines Rechtsanwalts oder Notars errichten lassen. Nicht nur, dass die fachkundige Beratung zum Inhalt des Testaments vor bösen Überraschungen bewahrt. Es sind auch die Formvorschriften sicher eingehalten. Denn als Zeugen werden im Regelfall die **Mitarbeiter** der Rechtsanwaltskanzlei zugezogen. Diese haben nicht nur eine strenge **Verschwiegenheitspflicht**. Sie sind im Regelfall auch als Zeugen geeignet, also vom Gesetz nicht ausgeschlossen. Denn sie haben zu den in Ihrem Testament Bedachten im Regelfall kein Naheverhältnis.

Vorteile und Nachteile fremdschriftlicher Testamente

Es ist – wegen der geschilderten, nunmehr **sehr komplizier-** 116
ten Formvorschriften – nicht einfach, ein Testament in fremder Schrift fehlerfrei zu machen. Es ist aber – vor allem wenn **ausführliche** und **detaillierte** Anordnungen getroffen werden

sollen – oder wenn **Ehepartner gemeinsam** ein Testament machen wollen (siehe dazu auch Rz 138ff), doch zu empfehlen.

117 Dies auch, weil das in fremder Schrift mit Zeugen verfasste Testament **nicht so leicht verschwinden** kann wie das handschriftliche Testament (Rz 109). Denn zum einen gibt es **Zeugen**, die davon wissen. Zum anderen werden fremdschriftliche Testamente – wenn sie mit Hilfe eines Rechtsanwalts oder Notars verfasst werden und das Original auch in der Kanzlei sicher verwahrt bleibt – in das **Testamentsregister** eingetragen, das diese beiden Berufsgruppen jeweils führen (zum Testamentsregister siehe Rz 119).

118 **WICHTIG zu wissen**: Auch wenn Sie ein so formvollendet mit Zeugen verfasstes und im Testamentsregister eingetragenes Testament gemacht haben: Sie können es **jederzeit** wieder **abändern** oder **widerrufen**. Dies ist ebenso **leicht** wie beim handschriftlichen Testament (siehe dazu oben Rz 108). Sie können als Testamentserrichter schon am **nächsten Tag** ein förmlich gemachtes Testament wieder umstoßen und in einem handschriftlichen Testament alles anders regeln. Es gilt immer das **zuletzt** gemachte (**jüngste**) Testament, und zwar **egal**, in welcher Form es verfaßt ist (siehe dazu auch Fall 8 Rz 170). Das handschriftliche Testament ist nicht „schlechter“ als das förmlich mit Zeugen verfasste.

TestamentsREGISTER – Was ist das?

119 In das Testamentsregister werden alle (handschriftlichen oder fremdschriftlichen) Testamente **eingetragen**, die Rechtsanwälte oder Notare **zur Verwahrung im Original** übernommen haben.

120 Wenn Sie Ihr (handschriftliches oder fremdschriftliches) Testament im Original – sie erinnern sich, nur das Original zählt

(Rz 100) – aktuell **zu Hause** im Schreibtisch oder im Nachtkästchen verwahren: Sie **riskieren**, dass Ihr Testament „verlorengeht". Es ist nirgends registriert und auch nicht ordentlich verwahrt. Besser also, Sie sorgen für eine sichere Verwahrung beim Rechtsanwalt oder Notar.

Im Testamentsregister **eingetragen** werden nur der **Name** des Testamentserrichters und das **Datum** der letztwilligen Anordnung. Und – ganz wichtig – **wo** das Original **verwahrt** wird, also bei welchem Rechtsanwalt oder Notar das Original dann im Todesfall gefunden werden kann. Der **Inhalt** des Testaments wird im Register **nicht eingetragen**, der Inhalt ist im Register auch niemals einsehbar. 121

Die Eintragung im Register hat also **nicht** zur Folge, dass neugierige Angehörige im Internet „surfen" und **nachschauen** könnten, ob Sie denn schon ein Testament gemacht haben. Selbst Notare und Anwälte können das Testamentsregister nicht dahin durchsuchen, wer von wem welche Testamente im Original zur Verwahrung übernommen hat. 122

In das Testamentsregister darf **ausschließlich** jener sogenannte „**Gerichtskommissär**" (Notar) Einsicht nehmen, der **nach dem Tod** des Testamentserrichters als verlängerter Arm des Verlassenschaftsrichters dafür zu sorgen hat, dass der Nachlass des Verstorbenen in einem geordneten Verfahren auf die Erben übertragen wird (siehe dazu ausführlich im Kapitel 7 „Verlassenschaftsverfahren" Rz 388ff). Der Gerichtskommissär darf ausnahmslos erst dann in das Testamentsregister Einsicht nehmen, wenn der Testamentserrichter bereits verstorben ist. **Vorher nicht**. Im Testamentsregister sieht der Gerichtskommissär dann auch nur, **wo** das **Original** des Testaments verwahrt ist, welchem Rechtsanwalt/Notar der Verstorbene also sein Testament im Original zur Verwahrung übergeben hat. 123

124 Die Registrierung im Testamentsregister **kostet nicht viel**. Im anwaltlichen Testamentsregister derzeit € 24,– (darin € 4,– an 20 % USt). Die Registrierung ist jedenfalls zu empfehlen. Denn es gilt, wie gesagt, immer **nur** das **Originaltestament**. Wenn dieses – wie auch immer – **verlorengegangen** ist, kommt es zur **gesetzlichen Erbfolge**. Oder aber es kommt ein früher errichtetes Testament zum Tragen, das der Verstorbene gar nicht mehr gelten hat lassen wollen, aber vergessen hat, im Original zu vernichten.

MÜNDLICHE Testamente nur im NOTFALL

125 Bis 31.12.2004 hatte ein Testament auch vor drei gleichzeitig anwesenden Zeugen mündlich erklärt werden können. Solche Testamente sind mitunter auch „**Jausentestamente**" genannt worden. Dies, weil sie häufig bei Kaffeejausen im Freundeskreis erklärt worden sind. Sie waren nur gültig, wenn eine Person mit dem Aussprechen des Satzes *„X. soll mein Erbe sein"* auch wirklich ein Testament errichten wollte. Und nicht bloß davon erzählen wollte, was in ihrem Testament steht oder stehen wird. Den anwesenden Zeugen musste auch klar sein, dass hier und jetzt mit diesem Satz gerade ein Testament mündlich erklärt wird, und dass sie selbst dabei hier und jetzt die Testamentszeugen sind.

126 Mit diesen mündlichen Testamenten hatte die **Praxis** freilich **wenig** Freude: Ein mündliches Testament konnte zwar in manchen Fällen dazu beitragen, den Inhalt eines fremdschriftlichen Testaments – wenn nicht alle Formvorschriften penibel erfüllt waren – doch noch gültig sein zu lassen. Weit häufiger wurde mit mündlichen Testamenten aber **Schindluder** getrieben. Konnte doch ein mündliches Testament ganz einfach behauptet, also unterschoben werden, wenn sich nur **drei Betrüger zusammengefunden** und behauptet haben, sie wären Testamentszeugen gewesen.

Seit 1.1.2005 können mündliche Testamente deshalb **nur** noch in Ausnahmefällen erklärt werden, nämlich **in einem Notfall**: Wenn einer Person **akute Lebensgefahr** oder der Verlust der Testierfähigkeit (siehe dazu Rz 170ff) unmittelbar **droht**, und sie nicht mehr anders als mündlich testieren kann. Dann gilt auch das mündlich vor **zwei Zeugen** Erklärte als gültiges Testament. 127

Wenn aber die Gefahrensituation wegfällt, **verliert** jedes Nottestament **drei Monate** später seine **Gültigkeit**. An dieser Rechtslage hat sich mit 1.1.2017 im Wesentlichen nichts geändert. 128

Freilich: Mit mündlichen Testamenten sind **immer Unsicherheiten** und viele offene Fragen verbunden: Was konkret ist gesagt worden? Sollte mit dem Gesagten wirklich in diesem Moment ein Testament gemacht werden? Oder war es nur eine Erzählung davon, wer dereinst einmal (vielleicht) erben soll? Seinen letzten Willen bloß mündlich zu erklären, ist **nie** zu empfehlen (siehe dazu auch den Fall 7 Rz 162). 129

Welche SCHRIFTform ist nun besser?

Wenn Ihr Testament aus einem nur **kurzen** Text besteht, Ihre Handschrift **leserlich** und die Verwahrung Ihres Testaments ganz sicher ist, kann Ihnen ein handschriftlich verfasstes Testament empfohlen werden. Wenn Sie Zweifel haben, ob Sie alles richtig machen werden, sollten Sie von Rechtsanwalt oder Notar Rat und Hilfe einholen. Dies, um beim Abfassen Ihres Testaments Fehler möglichst zu vermeiden. Denn **jeder** noch so kleine **Formfehler** macht Ihr Testament **ungültig** und sorgt für Streit unter den Hinterbliebenen. 130

Gibt es Vorschriften zum INHALT eines Testaments?

131 Es gibt **keine** Vorschriften, dass Sie in Ihrem Testament **bestimmte Worte** verwenden müssen. Bei der **Wahl** Ihrer Worte ist allerdings dennoch **Vorsicht** geboten: Manche Worte bedeuten **rechtlich** etwas anderes als Sie ausdrücken möchten (vgl dazu den Fall 6 Rz 145). Die Anordnungen in Ihrem Testament sollten möglichst **klar** formuliert sein. Die Erben sollten mit Vor- und Zunamen und Geburtsdatum bezeichnet werden, um Verwechslungen oder Missverständnisse zu vermeiden.
Also zB: *„Hiemit setze ich, Arno A., geboren am (Datum), meine geschiedene Ehefrau Hilde O., geboren am (Datum), zur Erbin meines gesamten Vermögens ein."*
Oder zB: *„Für den Fall meines Ablebens bestimme ich, Fritz Y., geboren am (Datum), dass meine Ehefrau, Gertrude, geboren am (Datum), und mein Sohn, Fritz, geboren am (Datum), zu gleichen Teilen meine Erben sein sollen."*

132 Und: Es gibt zum **Inhalt** Ihres Testaments doch zwei weitere **Empfehlungen**: In Ihrem Testament sollte zum einen ein sogenannter „Ersatzerbe" nicht fehlen. Sie sollten also nicht nur Ihren Erben bestimmen. Sie sollten auch bestimmen, **wer anstelle** Ihres zunächst eingesetzten Erben **(Ersatz-)Erbe** sein soll, **wenn** Ihr ursprünglich eingesetzter Erbe nicht Erbe werden kann, weil er zB schon verstorben ist. Zum anderen sollte auch Ihre **Rechtswahl** nicht fehlen: Wenn Sie die österreichische Staatsbürgerschaft haben und sichergehen wollen, dass für Ihre Erbfolge österreichisches Erbrecht gilt, sollten Sie auch das in Ihr Testament ausdrücklich hineinschreiben (siehe dazu schon oben Rz 12).

Der Neffe Jakob als Ersatzerbe, wenn der Onkel vor der Tante stirbt - Zum Fall 2

Sie erinnern sich: Im Fall 2 (oben Rz 44, 52) – als der Neffe Jakob wegen der „falschen" zeitlichen Reihenfolge, in der zuerst der Onkel und dann die Tante gestorben waren, den Hof nicht erhalten hat – wäre dem Neffen schon **geholfen** gewesen, hätte die **Tante** ein **Testament** gemacht **und** den **Neffen** ihres Mannes zum **Ersatzerben** eingesetzt: Denn hätte die Tante den Onkel als Erben bestimmt und für den Fall, dass der Onkel schon vor ihr sterben sollte, den Neffen Jakob zum Ersatzerben bestimmt, dann hätte der Neffe den Hof geerbt. Denn genau dieser Fall ist ja eingetreten, dass nämlich der Onkel vor der Tante gestorben ist. Es haben aber – weil ein solches **Testament** der Tante **gefehlt** hat – die entfernten Verwandten der Tante den Hof des Onkels geerbt, und der Neffe ist **leer ausgegangen**. 133

Was ist ein Nacherbe?

Mit der Ersatzerbschaft **nicht verwechselt** werden darf die sogenannte **Nacherbschaft**. Hier soll **nach** dem zunächst eingesetzten Erben (Vorerben) eine andere Person Erbe (Nacherbe) sein. Das wird oft so formuliert: „Meine liebe Ehefrau soll meine Alleinerbin sein, nach ihrem Tod aber unsere Tochter." Dann wird **zuerst** die Ehefrau **Erbin** und **nach ihrem Tod** die Tochter. 134

Warum wird so etwas in Testamenten geschrieben? Nun: Solche Nacherbschaften werden in der Praxis recht oft angedacht. Sie sind beliebt, weil damit das Vermögen in der Familie erhalten und so gebunden bleiben kann, wie der Testamentserrichter sich das wünscht. Nur: Vor- und Nacherbe haben damit meist **wenig Freude**. Der **Vorerbe** – in unserem Fall lt Rz 134 die Ehefrau – kann zwar die Nachlasssachen unbeschränkt nüt- 135 zen, hat aber – weil die Sachen ja später der Nacherbe (hier die Tochter) erhalten soll – **kein Recht**, die Sachen zu verkaufen, zu verschenken, mit Hypotheken zu belasten oder selbst an Dritte zu vererben. Ein Vorerbe kann also mit dem Ererbten **nicht viel anfangen**.

136 Auch der **Nacherbe** hat mit der Situation meist nicht viel Freude: Denn **zunächst erhält** ja der Vorerbe das Erbe (zur Nutzung) und der Nacherbe erhält vorerst **gar nichts**. Er hat nur ein Anwartschaftsrecht, das er – wenn auch er stirbt – in der Regel zwar vererben kann. Zugriff auf das Erbe selbst hat er vorerst aber eben nicht.

137 Wenn Sie also in Ihrem Testament anordnen, dass zuerst Ihre Ehefrau Erbin sein soll, und erst nach ihrem Tod Ihre Kinder erben sollen, schaffen Sie einen Nährboden für Streit unter Ihren Erben: Ihre Kinder haben vorerst einmal vom Erbe gar nichts. Mit Ihrer Anordnung, dass sie nach dem Tod Ihrer Ehefrau (ohnedies) erben sollen, ist für die Kinder oft nicht einmal der **Pflichtteil** abgedeckt. Das kann die Kinder zur Klage gegen Ihre Ehefrau berechtigen (vgl dazu unter Rz 196ff). Ihre Ehefrau kann demgegenüber mit Ihrem Nachlass nichts anfangen, muss sie doch alles bis zu ihrem eigenen Tod für die Kinder bewahren. Auch der Pflichtteil Ihrer Ehefrau kann sich damit als nicht abgedeckt erweisen. Kurzum: Nacherbschaften sollten Sie **ohne fachkundige Beratung nicht formulieren**.

Testamente von EHEPARTNERN – Was ist zu beachten?

138 Wenn Eheleute gemeinsam ein Testament machen wollen, muss für jeden Ehepartner die richtige **Form** eingehalten sein. Wenn das Testament **handschriftlich** verfasst werden soll: Dann muss **jeder** der Ehepartner den **gesamten Text selbst**

mit der Hand schreiben und unterschreiben. Sonst ist das Testament für einen der beiden ungültig.

Denn wenn **ein** Ehepartner es übernimmt, den Text quasi **für den anderen** gleich mitzuschreiben – Motto: Es ist eh derselbe Text und er/sie hat die schönere Schrift –, kann es eine **böse Überraschung** geben: Das Testament wäre zwar ein **gültiges** handschriftliches Testament des **Schreibers**. Für den **anderen** Ehepartner, der diesen Text **nur unterschreibt**, wäre es aber ein fremdschriftliches Testament. Dafür bräuchte es, wie gesagt, zusätzliche Förmlichkeiten: nämlich drei Zeugen und besondere handschriftliche Zusätze des Testamentverfassers und der Zeugen wie auch Angaben zur Identität der Zeugen (siehe dazu Rz 112ff). Das wird in solchen Fällen meist übersehen. Das Testament wäre für jenen Ehepartner, der nur unterschreibt, somit **ungültig**. 139

Wenn Eheleute gemeinsam ein Testament machen und bei der Form sichergehen wollen, keinen Fehler zu machen, ist eine fachkundige Beratung in jedem Fall zu empfehlen. 140

Ein ERBVERTRAG bindet (nur) Ehepaare

Ein Testament kann jederzeit widerrufen werden (Rz 108, 118). Ein Erbvertrag nicht. Nur **Eheleute** können einen Erbvertrag abschließen: Damit bestimmen Eheleute einander **unwiderruflich** als Erben. Der Erbvertrag kann später **nur gemeinsam einvernehmlich aufgehoben** werden. Er erlischt bei Scheidung. Der Vertragserbe erhält freilich nur das, was beim Tod des Ehepartners noch vorhanden ist, das aber unwiderruflich. Der Erbvertrag kann nur als Notariatsakt und mit zwei Zeugen abgeschlossen werden. Er kommt in der Praxis nur sehr **selten** vor. Offenbar will sich kaum jemand so fest und unabänderlich binden. 141

142 **Seit 1.1.2017** wird ein Testament, wonach der Ehepartner Erbe sein soll, mit der Scheidung der Ehe unwirksam. Wer also bei Scheidung seiner Ehe auf sein altes Testament – wonach der später geschiedene Ehepartner der Erbe sein sollte – vergessen hat, wird geschützt. Die **Scheidung beseitigt** im Regelfall die Einsetzung des vormaligen Ehepartners zum **Erben**.

143 Vergleichbares gilt etwa auch für **Lebensgefährten** und eingetragene Partner wie auch bei Adoptionen und Abstammungsverfahren. Wenn die Lebensgemeinschaft beendet wird oder die Adoption aufgehoben oder die fehlende Abstammung der Kinder festgestellt wird, gilt auch in diesen Fällen die Einsetzung zum Erben nicht mehr. Nur wenn im Testament ausdrücklich angeordnet ist, dass der Ehepartner oder der Lebensgefährte oder das (auch adoptierte) **Kind** auch dann Erben sein sollen, wenn die Ehe geschieden, die Lebensgemeinschaft beendet, die Adoption aufgehoben oder die fehlende Abstammung festgestellt ist, bleibt es bei der Einsetzung zum Erben (vgl Fall 5 und Rz 143b). **Freilich**: Auch hier gilt wieder: Wann ist denn eine Lebensgemeinschaft zu Ende? Der Verstorbene kann nicht mehr befragt werden, im Gesetz werden Beginn, Merkmale und Ende einer Lebensgemeinschaft nicht bestimmt. In der **Praxis** kann es zu schwierigen Beweisfragen kommen (siehe dazu auch schon Kapitel 1 Rz 22f).

143a **Es ist enorm wichtig, dass Sie das, was Sie wirklich wollen, in Ihrem Testament auch ausdrücklich festhalten:**

Fall 5
Geschiedene als Testamentserbin – Dabei soll es bleiben?

Das geschiedene Ehepaar Hans und Daniela R. hatte auch nach der 143b
Trennung ein gutes Einvernehmen. Deswegen hat man das „alte“ Testament, in dem man sich während aufrechter Ehe wechselseitig zu Alleinerben eingesetzt hatte, unverändert gelassen. Herr R. ist 2017 gestorben.

Wer sollte die Villa des Herrn R. und sein Vermögen erben? Sein ungeliebter Neffe? Oder seine Ex-Gattin Daniela, die das „alte“ Testament zu ihren Gunsten vorweisen konnte?

Frau R. argumentiert, 2005 – vier Jahre nach der Scheidung – hätten sie und ihr Ex-Mann das Testament vom Notar überprüfen lassen – und damals sei es für gültig befunden worden.

Bis 1.1.2017 wäre erbrechtlich in der Sache auch alles klar gewesen: Frau R. erbt aufgrund des Testaments. Aber seit Anfang 2017 gibt es im Erbrecht eine neue Regelung. Und da heißt es jetzt: Mit Auflösung der Ehe werden letztwillige Verfügungen, soweit sie den früheren Ehepartner betreffen, aufgehoben.

Das hieße, das Testament gilt für Frau R. gilt nicht mehr, weil sie ja von Herrn R. geschieden ist. Und dann steht im Gesetz noch ein kryptischer Nachsatz: „Es sei denn der Verstorbene hat ausdrücklich das Gegenteil angeordnet.“ Also wie in unserem Fall. Herr R hatte mehrfach gesagt: Meine Ex-Gattin soll doch erben. Aber was heißt ausdrücklich? Schriftlich? Genügt mündlich? Wem gegenüber? Dass das Testament zu ihren Gunsten überhaupt ungültig sein könnte, damit hatte Frau R. nicht gerechnet.

Frau R. befürchtet nun, dass der Neffe zum Zug kommen könnte. Dabei hätte der doch 20 Jahre lang fast keinen Kontakt zu seinem Onkel gehabt.

Das Gericht betrat in diesem Fall rechtliches Neuland. Laut neuem Erbrecht würde ja das Testament für Frau R. nicht mehr gelten. Ihre einzige Chance, das Haus noch zu bekommen, war, zu beweisen, dass Herr R. „ausdrücklich“ angeordnet hätte, dass sie es bekommen soll. Schriftlich gab es da aber nichts. Bei Gericht sagten aber viele Zeugen aus, dass Hans immer gesagt hätte, „die Daniela", die Ex-Gattin, „soll dereinst alles bekommen".

Nach fast zwei Jahren Erbrechtsstreit gab es die rechtskräftige Entscheidung: Frau R. erbte nichts. Der Neffe bekam aufgrund des gesetzlichen Erbrechts alles, was Herr R. hinterlassen hat. Herr R. hätte seinen Wunsch in einem Testament „ausdrücklich anordnen" müssen.

143c Dieser Fall ist für Daniela R. besonders tragisch: Hans und Daniela R. hatten nach ihrer Scheidung noch extra von einem Notar überprüfen lassen, ob ihr Testament auch nach der Scheidung gültig sein würde. Und es war – nach der Rechtslage 2005 – damals gültig, ohne dass etwas ergänzt hätte werden müssen. Hans R. ist dann „zu spät" gestorben, nämlich 2017. Da hatte der Gesetzgeber schon eine neue Regel geschaffen. Und der Oberste Gerichtshof hat diese Regel so interpretiert, dass Hans mit einem neuen Testament – und nicht bloß mündlich – nochmals ausdrücklich ergänzen hätte müssen, dass Daniela auch nach der Scheidung seine Erbin sein soll. Diese Interpretation der neuen Regel durch den Obersten Gerichtshof hat einiges Aufsehen erregt. Sie ist von vielen Experten als „zu streng" kritisiert worden. Für Daniela R. ändert diese Kritik freilich nichts mehr. Und für alle, die den geschiedenen Partner auch nach der Scheidung weiterhin als Erben haben wollen, gilt (vorerst): Bitte dies ausdrücklich in Testamentsform anordnen!

144 **Die Wortwahl im Testament will gut überlegt sein. Manchmal bedeutet ein Wort rechtlich nämlich ganz etwas anders als das, was man eigentlich ausdrücken will:**

Fall 6
Vererben/Vermachen – Von den Unterschieden

Die greise Haushälterin Berta G. glaubte, für den Rest ihres Lebens keine Sorgen mehr zu haben, als sie die Salzburger Villa der Millionärin erbte, die sie gepflegt hatte. Wäre da nicht der Arzt gewesen, der sich selber Hoffnungen auf das Erbe gemacht hatte. Punkt Vier im Testament der verstorbenen Millionärin lautete: „Dr. Manfred S. soll das Ölbild „Der Vorleser" bekommen. Außerdem, was ihm sonst noch gefällt." 145

Dr. S. räumte daraufhin die gesamte Villa der Millionärin, mit den schönen Gemälden, den wertvollen Möbeln, kurz, mit allem aus, was sich noch drinnen befand. Der OGH sollte befinden, dass diese Handlungsweise durch den Wortlaut des Testaments gedeckt sei.

Aber der Arzt hatte noch nicht genug. Er veranlasste die alte und schwerkranke Haushälterin, ihn als ihren Erben einzusetzen, nur dann würde er sie weiterpflegen. Nur er wisse schließlich, wie man ihre schwere Erkrankung wirksam bekämpfen könne. Aber als die alte Frau nicht und nicht starb, wollte er sich die Villa noch zu Lebzeiten von ihr schenken lassen und bestellte sie zu einem Notar. Frau Berta G. zeigte dort aber in Anwesenheit des Dr. S, von dessen Anwalt, und des Notars Courage und unterschrieb nicht. Das Testament änderte sie zugunsten ihrer Nichte, die die leere Villa auf dem wertvollen Grund schließlich erben sollte. Denn wenige Monate nachdem man sie gedrängt hatte, den Arzt Dr. S. zu beschenken, starb Frau G.

Dr. Manfred S. war zu gierig gewesen.

Vererben oder vermachen – was ist der Unterschied?

Die wenigsten wissen, dass es einen Unterschied macht, ob man jemandem etwas „*vererbt*" oder etwas „*vermacht*". Die meisten denken, das wäre dasselbe und es wäre **egal**, wie man das im Testament schreibt. Rechtlich ist es aber **nicht** so. 146

147 „*Vermacht*“ werden **ganz bestimmte Sachen** an bestimmte Personen (die meist nicht Erben sind). Es werden zB „*vermacht*“ eine Brosche als Erinnerungsstück an die Nachbarin, oder die Münzensammlung an das Patenkind, oder das Bild an den Hausarzt usw. Wenn Sie also in Ihrem Testament schreiben „*Der X* **bekommt** *das* **Auto**“, meinen Sie eigentlich rechtlich richtig „*Dem X* **vermache** *ich das Auto*“. Besser wäre es, Sie würden es in Ihrem Testament **gleich richtig** ausdrücken. Dann gibt es nämlich keinen Streit, was „*bekommen*“ konkret heißen soll.

148 Wenn Sie in Ihrem Testament schreiben: „*Der X bekommt* **alles**“, meinen Sie eigentlich rechtlich richtig „*Der X* **erbt** *alles*“. Denn: „*Vererbt*“ wird **alles**, was zum Nachlass gehört, **ohne** dass die Sachen im Einzelnen aufgezählt werden. Mehrere Personen „*erben*“ den Nachlass somit zu gleichen (oder auch unterschiedlichen) Teilen, ihnen gebührt **an allen** zum Nachlass gehörenden Sachen ein **Miteigentumsanteil**, der ihrer Erbquote entspricht (siehe dazu oben schon Rz 32ff und den Fall 1 Rz 35).

149 Wenn Ihre beiden Kinder also nach Ihrem Testament je zur Hälfte „*alles bekommen*“, also „*erben*“ sollen, dann erhalten Ihre beiden Kinder an Ihrem Nachlass jeweils zur Hälfte **Miteigentum**. Und zwar an jeder einzelnen Sache Ihres Nachlasses. Also etwa auch zB an zwei im Nachlass vorhandenen silbernen Kerzenleuchtern, und zwar an **jedem** Kerzenleuchter **je zur Hälfte**. Wollen Ihre beiden Erben das ändern und jeder einen Leuchter für sich behalten, braucht es eine **Erbenvereinbarung** (siehe dazu Kapitel 7 „Verlassenschaftsverfahren“ Rz 433ff).

150 **Anders** wäre es, wenn Sie in Ihrem Testament schreiben, dass Ihre beiden Kinder zwei im Testament konkret genann-

te Kerzenleuchter *„bekommen"* – richtig also *„vermacht"* erhalten – sollen. Dann haben Sie Ihren beiden Kindern ein Vermächtnis zugedacht. Ihre Kinder haben dann einen Anspruch (nur) auf diese beiden ihnen zugedachten Kerzenleuchter.

ACHTUNG bei der Formulierung des Testaments

Wer also im Testament zu schreiben beginnt, *„Der X. bekommt …"*, stiftet schon einmal Verwirrung. Denn je nachdem, ob X *„alles"* oder nur einzelne Sachen *„bekommen"* soll, ist X **Erbe** oder **Vermächtnisnehmer**. 151

Noch schlimmer, wer im Testament formuliert, dass er **„alles** *dem XY* **vermacht"**. Er schafft damit noch mehr Verwirrung. Denn eigentlich will er dem XY **wohl alles „vererben"** und nicht jede Sache einzeln *„vermachen"*. Nur: Im Testament ist es halt leider so gerade nicht formuliert. Es bedarf dann einiger Kunstkniffe im Verlassenschaftsverfahren, um zu **erforschen**, ob mit dem **falschen Wort** *„vermachen"* nicht vielleicht doch *„vererben"* gemeint war. **Zweifel bleiben** aber oft bestehen und geben dann **Anlass zu Streit**. 152

Im konkreten Fall 6 (Rz 145) hat die Millionärin ins Testament geschrieben, dass der **Arzt** nur ein Bild *„bekommt"*. Das wäre ein **Vermächtnis** gewesen. Dann aber hat sie die **verhängnisvolle Ergänzung** geschrieben, dass der Arzt *„außerdem was ihm sonst noch gefällt"* auch noch *„bekommt"*. Damit war einem **Streit** zwischen dem Arzt und der Erbin Tür und Tor geöffnet. Denn der Arzt hat sich durch diese Ergänzung berechtigt gesehen, der Erbin Berta G. gleich die gesamte geerbte Villa auszuräumen. Ob das von der Millionärin **so beabsichtigt** war, darf **bezweifelt** werden. 153

154 Wenn Sie nicht sicher sind, ob Sie eine **klare Formulierung** gefunden haben: Lassen Sie sich bitte fachkundig **beraten.** Wenn Sie jemandem **alles** vererben wollen, sollten Sie nach Möglichkeit auch das Wort **„Erbe"** oder **„vererben"** verwenden. Es wird damit der Aufwand vermieden, im Verlassenschaftsverfahren erst mit einer Auslegung Ihres Testaments mühsam erforschen zu müssen, was Sie denn nun wirklich konkret gewollt haben.

Haushälterin gegen Arzt - Erbin gegen Vermächtnisnehmer

155 Im konkreten Fall 6 (Rz 145) war die greise Haushälterin zwar **Erbin** der Millionärin, doch sollte der Arzt Dr. S. als **Vermächtnisnehmer** *„das Bild bekommen"*, also ein Vermächtnis. Leider hat die Millionärin dann auch noch geschrieben, dass der Arzt auch *„bekommen"* soll, *„was ihm sonst noch gefällt"*. **Im Ergebnis** war ihm damit nach der Meinung des Obersten Gerichtshofs die **gesamte Einrichtung** der Villa *„vermacht"*. Damit blieb der Haushälterin als Testamentserbin nur noch die leergeräumte Villa.

156 Wenn Sie also einen Erben einsetzen, anderen Personen aber alle möglichen Sachen zudenken wollen, seien Sie bitte **vorsichtig**: Denn irgendwann ist der Punkt erreicht, da die einzelnen **zugedachten** Sachen **mehr** wert sind als der **Rest**. Dann sind die Vermächtnisnehmer jene, die das meiste aus dem Nachlass erhalten, während Ihrem Erben unterm Strich am wenigsten verbleibt.

157 **Wer Vermächtnisse anordnet, muss also aufpassen**: Die Vermächtnisse sollen nicht so weit gehen, und so umfangreich sein, dass jene Person, die Erbe sein soll, gar **keinen Sinn** mehr darin sieht, das **Erbe anzunehmen**, weil dem Erben – wenn alle Vermächtnisse erfüllt sind – nichts mehr bleibt. Denn wenn der

Erbe dann tatsächlich nicht annimmt, beginnt für die reichlich bedachten Vermächtnisnehmer erst der **Streit**, ob dann – weil das meiste Vermögen ja diesen Vermächtnisnehmern zugedacht ist, sie also *„alles bekommen"* sollen – nicht doch die Vermächtnisnehmer in Wahrheit als die Erben anzusehen sind.

Vermächtnisnehmer/LEGATAR zu sein - was bedeutet das?

158 Wer tatsächlich nur ein *„Vermächtnis"* einzelner Sachen erhält (und nicht *„Erbe"* ist), hat in der Regel für die **Schulden** des Verstorbenen **nicht** aufzukommen. Wenn allerdings der **Nachlass nicht ausreicht**, um die **Pflichtteile** (Rz 196ff) oder das **Pflegevermächtnis voll abzudecken** (Rz 277ff), kann es dazu kommen, dass der Legatar den dafür fehlenden Betrag beisteuern muss, sein Vermächtnis wird **„gekürzt"**.

159 Der Erbe muss die vermachte Sache im Regelfall spätestens **ein Jahr nach dem Tod** dessen, der das Vermächtnis angeordnet hat, **herausgeben**. Tut der Erbe das nicht, muss der mit dem Vermächtnis Bedachte gegen den Erben (oder wenn das Verlassenschaftsverfahren noch nicht abgeschlossen ist, gegen die Verlassenschaft, die dann durch einen Kurator vertreten werden muss) **Klage** einreichen.

160 Wenn auf den ersten Blick niemand den Nachlass erwerben könnte – wenn es also keine gesetzlichen Erben, und (seit 1.1.2017) auch keinen Lebensgefährten (siehe Rz 20ff) gibt –, können **ausnahmsweise** auch jene Personen **Erben** sein, welchen nur ein **Vermächtnis zugedacht** ist. Gibt es mehrere Vermächtnisnehmer, erhalten sie den Nachlass im Verhältnis der Werte ihrer Legate. Dies als **letzter Ausweg**, bevor der Staat den Nachlass „erbt" (siehe dazu schon oben Rz 57ff).

161 **Wenn vom Erben und Vererben die Rede ist, muss es nicht immer sein, dass damit in allen Fällen auch schon ein Testament gemacht wird:**

Fall 7
Wenn einer von seinem Erbe erzählt – Zur Testierabsicht

162 Der Mechanikermeister Herr Anton N. will sich immer rührend um seinen im Jahr 2003 verstorbenen Hausherren, den alten, aber reichen Herrn Karl W. gekümmert haben, der einen Stock über ihm gewohnt hat. Auch wenn das wegen dessen exzessiven Alkoholkonsums nicht immer ganz leicht gewesen war. Aus Dank für die menschliche Güte hätte Herr W. den wohltätigen Mechanikermeister zu seinem Erben erklärt. Immerhin gehörte zum Erbe das Zinshaus in Wien-Ottakring, in dem beide Herren lebten. Sein Testament soll Herr W. im Stammlokal ums Eck, bei ein paar Glaserln Rotwein gemacht haben. Zufällig waren auch gerade genau die rechtlich notwendigen drei Testamentszeugen, alles Freunde des künftigen Erben, anwesend.

Groß war das Entsetzen, als auf einmal die schwerkranke Ex-Gattin des Verstorbenen mit einem schriftlichen Testament daherkam. Beim Streit ums Vermögen des alten Herrn W. tauchten aber plötzlich noch andere Anwärter auf das Erbe des Herrn W. auf. Laut Gerichtsakt hat der vermögende Herr W. aus Wien-Ottakring immer gesagt, dass „derjenige das ganz Krampfl kriegen soll, der ihm als Letztes den Arsch auswischt“. Über die Frage, ob der zweite Teil des Satzes jetzt im übertragenen Sinn oder wortwörtlich gemeint sein könnte, haben sich viele Juristen den Kopf zerbrechen müssen. Und weil Herr W. mehreren Leuten angedeutet hat, dass sie seine letzten Wohltäter gewesen wären, hat es ein kompliziertes Gerichtsverfahren gegeben.

Letztlich sollte sich Frau Leopoldine W., die Ex-Gattin, mit ihrem schriftlichen Testament durchsetzen. Sie hatte sich, das ergab das Gerichtsverfahren, in den letzten Jahren seines Lebens auch sehr um die Pflege des Herrn W. gekümmert.

Die drei „Testamentszeugen“ im Gasthaus hatten sich in Widersprüche verwickelt, bei anderen Anwärtern auf Herrn W.s Vermögen bezweifelte das Gericht, dass der Testierwille des Erblassers vorhanden gewesen sei, als er ihnen so mir nichts dir nichts sein Erbe versprach. Frau Leopoldine W., die Ex-Gattin von Herrn W. hatte aber nicht mehr viel von der Erbschaft. Wenige Woche nach dem Urteil erlag sie einem Krebsleiden. Ihrem zweiten Mann, Otto W., gehört jetzt das Zinshaus in Ottakring.

Aber Herr Karl W. hat doch dem Herrn Anton N. und allen immer wieder gesagt ...

In der Praxis kommt es nicht selten vor, dass vor allem ältere Menschen ihren Angehörigen – oder auch allen möglichen Bekannten und Freunden – immer wieder **versprechen,** dass der Betreffende ihr Erbe sein soll. Oft werden diese Ankündigungen so gemacht, dass der Angesprochene das Versprechen, einmal der Erbe zu sein, als eine „*Belohnung*“ für diverse Hilfestellungen auffasst. 163

So hat es offenbar auch Herr Karl W. gemacht. Er hat dem Mechanikermeister Anton N. für erwiesene Hilfeleistungen beim Einkaufen oder bei Botengängen wohl immer wieder gesagt: „*Du wirst mein Erbe sein*“, oder „*Es soll eh einmal alles dir gehören*“. Herr W. dürfte das auch gegenüber den Freunden von Herrn Anton N. wiederholt haben. Solche Äußerungen gelten aber **noch lange nicht als Testament** jener Person, die so etwas sagt. 164

Abgesehen davon, dass seit 1.1.2005 mündliche Erklärungen vor drei Zeugen nicht mehr wirksam sind (siehe dazu schon oben Rz 125ff): Bei den Äußerungen von Herrn Karl W. gegenüber seinem Helfer und dessen Freunden hat dem Herrn Anton W. in den meisten Fällen wohl schon die **Testierabsicht** gefehlt. 165

TESTIERABSICHT - Was ist das?

166 Um ein **gültiges** Testament zu machen, braucht es vor allem auch die **Absicht**, hier und jetzt – schriftlich oder in einer Ausnahme-Notsituation auch mündlich (vgl dazu oben Rz 127f) – ein **Testament zu machen**. Es genügt also **nicht**, zB in einem Brief an Freunde **anzukündigen**, dass man demnächst ein Testament *„für die Nichte machen"* werde. Oder demnächst zum Anwalt oder zum Notar gehen und *„alles für den Sohn regeln"* werde. Denn bei diesen Ankündigungen fehlt es der Person, die so etwas sagt, eben meist an dem – für ein wirksames Testament unbedingt notwendigen – Willen, **hier und jetzt** ein Testament zu errichten und einen **Erben zu bestimmen.**

167 Wer also **für Hilfeleistungen** immer wieder **Versprechungen** zu hören bekommt, wie Herr Anton N. von Herrn Karl W., sollte wissen: Rechtlich ist das **kein gültiges Testament**. Auf das so Versprochene gibt es dereinst **keinen Anspruch**. Die Hilfeleistungen bleiben insofern unbelohnt (zum Pflegevermächtnis für Pflegeleistungen siehe unter Kapitel 4, Rz 277ff).

Enttäuschte Erwartungen?

168 Herr Anton N., der dem Herrn Karl W. so viel geholfen, von ihm aber trotzdem nichts geerbt hat, hätte nur die Möglichkeit gehabt, von der Erbin Leopoldine W. (bzw von deren Erben Otto W.) ein angemessenes **Entgelt** für all die Hilfsdienste zu verlangen, die er Herrn Karl W. erbracht hat. Schließlich hat es Herr Anton N. mit seinen Hilfeleistungen dem Herrn Karl W. erspart, dafür jemanden anderen zu engagieren und zu bezahlen. Herr Anton N. hätte dafür freilich **beweisen** müssen, dass er die Hilfe **nur** geleistet hat, weil er aufgrund der Äußerungen von Herrn W. **erwarten durfte**, der Erbe von Herrn W. zu werden, in dieser Erwartung aber enttäuscht worden ist. Und Herr Anton N. hätte überdies zu beweisen, dass diese, seine Erwartungen dem Karl W. auch erkennbar waren.

Neben der Absicht, ein Testament zu machen, braucht es auch die entsprechende geistige Verfassung dazu: 169

Fall 8

Denn sie wissen nicht, was sie tun - Zur Testierfähigkeit

Anno 2005 starb die betagte Filmdiva Margot M. Ihre alte Freundin Traude F. hatte mit ihr 1999 testamentarisch vereinbart, dass diejenige, die die andere überlebt, erben soll. Als die Diva sechs Jahre später als Erste starb, präsentierte aber plötzlich deren Pflegerin Hermine L. sechs handgeschriebene Testamente zu ihren Gunsten. Weil diese sechs Testamente jüngeren Datums waren, erhob Hermine L. Anspruch auf das Erbe der berühmten Filmschauspielerin. 170

Die Freundin klagte und argumentierte, dass die Künstlerin am Ende ihres Lebens nicht mehr gewusst hätte, was sie tut. Sie sei, auch wegen ihres Alkoholkonsums, nicht mehr testierfähig gewesen. Die sechs Testamente seien nichtig.

Zwei Jahre wurde prozessiert. Der gesamte Freundeskreis der Diva stützte den Standpunkt der langjährigen Freundin Traude F. Unschöne Dinge wurden behauptet. Etwa, dass nach dem Tod der Diva € 2 Mio. aus deren Tresor verschwunden seien, und dass man ihr die Medikamente absichtlich nicht mehr gegeben hätte, damit sie schneller stirbt.

Entschieden hat den Prozess schließlich ein neurologisch-psychiatrischer Gutachter, der die Frage, ob die Schauspielerin noch testierfähig war, als sie die sechs Testamente schrieb, eindeutig beantwortete:

Der Richter entschied, dass Margot M. nicht in dem vom Gesetz geforderten Zustand der vollen Besonnenheit war, als sie die Testamente für ihre Pflegerin Hermine L. schrieb. Die sechs Testamente seien ungültig.

Allerdings: Vom Erbe war nicht mehr viel da. Der Tresor war leer. Die € 2 Mio. waren weg, ebenso der Schmuck der alten Dame und ihre vielen Goldstücke.

Der Täter ist unbekannt geblieben.

TESTIERFÄHIGKEIT - Was ist das?

171 Testamente – mögen sie in Handschrift oder in fremder Schrift verfasst sein – müssen nicht nur der Form nach den gesetzlichen Vorschriften entsprechen (vgl dazu Rz 99f). Es muss auch noch die Testierabsicht, also das Bewusstsein, vorhanden sein, jetzt mit diesem Schriftstück eine letztwillige Anordnung zu treffen (siehe dazu Rz 162ff). **Und** es braucht schließlich vor allem auch die sogenannte Testierfähigkeit: Dies ist die **Fähigkeit**, eine letztwillige Anordnung **wirksam zu errichten**, also (wie es seit 1.1.2017 im Gesetz heißt:) die Bedeutung und die Folgen eines Testaments zu verstehen und sich entsprechend verhalten zu können. Diese Fähigkeit haben alle Personen **über 18 Jahre**, wenn sie im **Vollbesitz ihrer geistigen Kräfte** sind.

172 Wem allerdings das Verständnis dafür fehlt, was inhaltlich überhaupt angeordnet werden soll, oder wem aufgrund einer krankheitsbedingten **geistigen Störung** die freie Willensbildung nicht möglich ist, der ist nicht testierfähig. Ein in diesem Zustand errichtetes **Testament ist nicht wirksam.** Es sei denn, der geistig so beeinträchtigte Testamentserrichter hatte gerade im Moment der Testamentserrichtung einen **lichten Augenblick** gehabt, war also gerade in diesem Moment nicht beeinträchtigt.

173 Die **Filmdiva** im Fall 8 (Rz 170) hat insgesamt sieben Testamente gemacht. Eines im Jahr 1999 zugunsten ihrer Freundin Traude F. Und sechs Testamente später für ihre Pflegerin Hermine L. Diese „jüngeren" Testamente wären dem älteren aus 1999 vorgegangen (siehe dazu schon oben Rz 170), Margot M. war aber wegen ihres Alkoholkonsums **möglicherweise nicht mehr im Vollbesitz ihrer geistigen Kräfte**, als sie die sechs späteren Testamente gemacht hat.

Wer beurteilt, ob der Testamentserrichter ein gültiges Testament machen konnte?

Wenn es um die Frage geht, ob der Testamentserrichter testierfähig war oder nicht, hat im Regelfall der **neurologisch-psychiatrische Sachverständige**, der im Erbrechtsstreit (siehe dazu im Kapitel 7 „Verlassenschaftsverfahren" Rz 420ff) vom Richter bestellt wird, **das letzte Wort**: Er muss aus allen ärztlichen Befunden und Berichten, die zu Lebzeiten des Testamentserrichters gemacht wurden (und noch vorhanden sind), versuchen, den **geistigen Zustand** des Testamentserrichters **am Tag** (und zur Stunde) **der Testamentserrichtung** zu erschließen. 174

Der Sachverständige hört sich meist auch die Aussagen der **Zeugen** und ihre Wahrnehmungen darüber an, wie sie den Testamentserrichter erlebt haben. Der Sachverständige muss dann meist sehr **widersprüchliche** Angaben **überprüfen**: Die Angaben der Zeugen reichen der Praxis von *„der Testamentserrichter war geistig voll da"* bis *„der Testamentserrichter war völlig verwirrt"*. Der Sachverständige muss versuchen, die geistigen Fähigkeiten bei der Testamentserrichtung im Nachhinein – oft Jahre später – möglichst **nahe an der Wirklichkeit** festzustellen. Der Sachverständige prüft vor allem, welche der Zeugenaussagen mit den aus den ärztlichen Befunden ableitbaren Zuständen des Testamentserrichters **übereinstimmen,** und welche Aussagen schon mit den ärztlichen Befunden einfach nicht zusammenpassen. 175

Auch bei den sechs Testamenten der Filmdiva Margot M. im konkreten Fall war es der Sachverständige gewesen, der feststellen hatte können, dass die Testierfähigkeit der alten Dame **nicht gegeben** war, als sie ihre Pflegerin Hermine L. mit gleich sechs Testamenten zur Erbin machte. 176

Können Personen mit einem ERWACHSENENVERTRETER ein Testament machen?

177 Personen, die einen **Erwachsenenvertreter** (vormals: **Sachwalter**) haben, hatten **bis 31.12.2016 nur** mündlich vor **Gericht oder Notar** testieren können, wenn der Gerichtsbeschluss dies so angeordnet hatte. Gericht oder Notar mussten sich dann durch eine angemessene Erforschung davon zu überzeugen versuchen, dass die Erklärung der betroffenen Person **frei und mit Überlegung** geschieht. Das Ergebnis der Prüfung musste in jenem **Protokoll** festgehalten werden, in dem das mündlich erklärte Testament der betroffenen Person festgehalten worden ist.

178 Zur Prüfung haben Notare (und Gerichte) häufig **medizinische Sachverständige** als **Zeugen** zugezogen, die den geistigen **Zustand** der betroffenen Person am Tag und in der Stunde der Testamentserrichtung geprüft haben. **Freilich**: Auch ein so errichtetes Testament konnte wegen Testierunfähigkeit der betroffenen Person unwirksam sein. Wenn **später** im Erbrechtsstreit der **vom Gericht bestellte Sachverständige** zu dem Ergebnis kommt, dass der betroffenen Person im Zeitpunkt der Testamentserrichtung die dafür notwendigen geistigen Fähigkeiten gefehlt haben, war damit das **letzte Wort** gesprochen.

179 **Seit 1.1.2017** können Personen, die einen Erwachsenenvertreter haben, Testamente so errichten **wie jedermann**: Handschriftlich oder fremdschriftlich mit 3 Zeugen und den handschriftlichen Zusätzen und den Angaben zur Identität der Zeugen (wie oben Rz 112ff beschrieben). Die bisherigen **Einschränkungen** sind **weggefallen**. Es muss dann – wenn es über die Frage der Testierfähigkeit zum Erbrechtsstreit (Rz 420ff) kommt – auch in diesem Fall der vom Gericht bestellte Sachverständige den geistigen Zustand des Betroffenen bei der Testamentserrichtung feststellen (Rz 174ff).

Wenn Sachen verschwinden - lässt sich nichts machen?

Aus dem Tresor der Filmdiva Margot M. war im konkreten Fall das Geld verschwunden. Auch der Schmuck war nicht mehr aufzufinden. Die alte Freundin, die schließlich die Erbin war, hätte **gleich nach dem Tod** der Filmdiva die **Versiegelung** des Tresors bzw die **Sicherstellung** der Sachen **beantragen** müssen. Dann hätten die Sachen wohl nicht so mysteriös verschwinden können (siehe dazu im Kapitel 7 „Verlassenschaftsverfahren" Rz 406f). 180

Manchmal sind Testamente gültig, scheinen aber doch nicht mit rechten Dingen zustande gekommen. Da bleibt nur die Anfechtung wegen Irrtums: 181

Fall 9
Das Testament - Ein einziger Irrtum?

In Niederösterreich hat die alte Bäuerin Erna H. das Gefühl, dass sie und ihre Familie auf undurchsichtige Weise um Haus und Hof, Verkehrswert € 720.000,–, gekommen sind: Im Mittelpunkt steht dabei ein Traktorunfall im Sommer 2016, bei dem seinerzeit untersucht worden war, ob das nicht vielleicht ein Kriminalfall sein könnte. 182

Der Sohn der alten Bäuerin, Josef H., ist damals ums Leben gekommen. Ihm hat damals der Erbhof der Familie gehört. Josef hat Zeit seines Lebens viel gearbeitet und nie viel für die Frauen übergehabt. Aber 2013 hat er die deutlich ältere Tanja D. kennen und lieben gelernt. Und sogar ein Testament hat er zu ihren Gunsten gemacht: Sie und nicht die Mutter oder die Geschwister sollten den Hof dereinst erben. Und dann ist der seltsame Traktorunfall passiert. Als Josef im Juni 2016 ums Leben gekommen war, war Tanja D. unter dem Verdacht der fahrlässigen Tötung gestanden. Sie war als erste am Unfallort und hat den um 18 Jahre jüngeren Bauern tot aufgefunden – der Traktor hatte sich auf einem Hang überschlagen. Die Polizei wurde misstrauisch. Tanja D. hat bereits zwei Höfe geerbt. Doch der Verdacht gegen sie konnte nicht erhärtet werden.

Die Mutter und die Schwester des Verstorbenen wollten das Testament für Tanja D. nicht gelten lassen. Hätte Josef H. die Wahrheit über den Lebenswandel seiner Freundin gewusst, hätte er ihr sicher nichts vererbt, so wurde argumentiert. Im Gerichtssaal wurden einige Herren als Zeugen befragt, ob sie mit Tanja D. ein Verhältnis gehabt hätten. Im Ort wäre viel von mehr oder weniger diskreten Besuchen in Gästezimmern eines Wirtshauses geredet worden. Doch die Herren wiesen das alles entrüstet zurück. „Der Blitz soll mi treffen!" forderte einer der Herren sogar sein Schicksal heraus.

Der Vorwurf des liederlichen Lebenswandels konnte nicht erhärtet werden.

Tanja D. beteuerte ihre wahre Liebe zum Verblichenen. Und die Sache mit dem Testament? Das hätte ihr der Josef aufgedrängt. Achtlos hätte sie das Testament in eine Lade gelegt. Als sie aber nach dem Unfall von der Familie mit Vorwürfen überhäuft und des Hofes verwiesen wurde, hätte sie dann auch nicht mehr mit sich handeln lassen.

Der Richter verkündete kurz nach der Verhandlung den Beschluss. Zitat: Das Erbrecht der Tanja D. wird festgestellt.

Die Mutter von Josef H. gab auf, und zog aus der Ortschaft, in der sie ein Lebtag zu Hause gewesen war.

Das Testament GEHT der gesetzlichen Erbfolge VOR

183 Solange der Sohn der alten Bäuerin die deutlich ältere Tanja D. „nur" kennen- und liebengelernt hatte, war erbrechtlich noch nichts passiert. Die **Lebensgefährtin** hatte damals im Juni 2016, als Josef starb, kein gesetzliches Erbrecht. Da der Sohn Josef selbst auch keine Kinder hatte, hätten seine Mutter Erna H. und seine Geschwister nach dem **Gesetz** den Hof gemeinsam geerbt (siehe dazu schon im Kapitel 1 „Gesetzliche Erbfolge" Rz 17).

Daran hätte sich auch nach der **neuen** Rechtslage nichts geändert, wenn Josef **erst im Jahr 2017** verstorben wäre: Als Lebensgefährtin hätte Tanja auch dann nichts geerbt. Denn als Lebensgefährtin hätte sie nach der neuen Rechtslage nur dann Erbin von Josef werden können, wenn die Mutter von Josef schon vorher gestorben wäre und Josef auch sonst keine nahen oder entfernteren Verwandten (Geschwister, Neffen/Nichten, Onkel/Tanten, Cousins etc) hinterlassen hätte (siehe dazu schon oben Rz 20). 184

Das erbrechtliche Unglück für die Familie H. begann erst, als der Sohn dann auch noch ein **Testament** zugunsten seiner neuen Freundin gemacht hat. Das war für die Familie schlimmer als hätte Josef die Frau geheiratet. Denn mit dem Testament war es gänzlich **vorbei** mit dem gesetzlichen Erbrecht der Familie (vgl dazu Fall 12 **Rz 302**). Hätte Josef seine Freundin „nur" geheiratet, hätten die Mutter und die Geschwister nach der damals im Jahr 2016 geltenden alten Rechtslage wenigstens noch 1/3 geerbt (siehe dazu schon Rz 17f). Selbst nach der neuen Rechtslage ab 2017 hätte die Mutter wenigstens noch 1/6 geerbt (vgl Rz 29). 185

Ein Testament verdrängt die gesetzliche Erbfolge (siehe dazu schon Rz 14ff), wenn es gültig ist: Wenn also Josef bei der Errichtung **testierfähig** war (dazu Rz 171ff), wenn er **Testierabsicht** hatte (siehe dazu **Rz 162ff**) und wenn das Testament auch der **Form** nach gültig ist (siehe dazu Rz 99ff). Der Testamtenserbe erhält dann das ihm Zugedachte, wenn er nicht erbunwürdig ist (siehe dazu Rz 295ff) oder das Testament wegen eines **Irrtums des Verstorbenen** erfolgreich **angefochten** und damit beseitigt wird. 186

Eine solche **Anfechtung** wegen eines Irrtums von Josef haben die alte Bäuerin und ihre Familie offenbar versucht. Aber **ver-** 187

geblich: Es ist offenbar der **Beweis nicht gelungen**, dass Josef – hätte er das nach Ansicht seiner Mutter wahre Gesicht seiner Lebensgefährtin Tanja erkannt – das Testament für seine Freundin nicht gemacht hätte.

IRRTUMSANFECHTUNG - was ist das?

188 Ein **wesentlicher Irrtum** des Testamentserrichters beim Abfassen des Testaments macht die vom Irrtum erfasste letztwillige Anordnung **ungültig**. Der Irrtum muss nur **bewiesen** werden können (was der alten Bäuerin im Fall Rz 182 gerade nicht gelungen ist).

189 Insbesondere ein **Motivirrtum** kann ein Testament ungültig machen. Wenn eine Anordnung im Testament **einzig und allein** auf einer – in Wahrheit nicht zutreffenden – Annahme basiert, kann diese Anordnung angefochten, also mit einem Urteil für unwirksam erklärt werden.

190 Zur Anfechtung eines Testaments wegen eines unterlaufenen Irrtums muss eine **Klage** erhoben werden, und zwar spätestens **drei Jahre** ab Kenntnis jener Umstände, die für die Anfechtung notwendig sind. Geklagt werden muss der Testamentserbe von jenem, der von einer erfolgreichen Anfechtung **profitieren** würde, weil er zB dann als **gesetzlicher Erbe** zum Zug käme.

191 Im **konkreten** Fall ist die Lebensgefährtin Tanja D. als Testamentserbin also richtigerweise von der Mutter des verstorbenen Josef geklagt worden. Denn wäre die Anfechtung mit der Klage erfolgreich gewesen, hätte die Mutter Erna profitiert, sie wäre als gesetzliche Erbin ihres Sohnes zum Zug gekommen. Sie hätte (nach damals geltender Rechtslage gemeinsam mit den Geschwistern von Josef) alles geerbt.

So aber – weil die Anfechtung nicht erfolgreich war – hätte die Mutter (und zwar nur sie, und nicht die Geschwister von Josef) nach alter Rechtslage den **Pflichtteil** bekommen können (siehe dazu im Kapitel 3 Rz 200), diesen hat sie aber wohl aus Enttäuschung über den Ausgang des Prozesses von der Lebensgefährtin Tanja D. offenbar gar **nicht mehr verlangt**. Wäre Josef erst 2017 gestorben, hätte die Mutter schon nach dem Gesetz nicht einmal einen Pflichtteil erhalten. 192

Nach der **neuen Rechtslage ab 1.1.2017** ist die Anfechtung eines Testaments wegen eines unterlaufenen Irrtums vermutlich noch **schwieriger** geworden: Ein Testament wird nur dann wegen eines Motivirrtums erfolgreich beseitigt werden können, wenn das **Motiv** für die Erbeinsetzung – das sich später dann als unrichtig erweist – im Testament **angegeben** ist. Das Motiv muss überdies (wie bisher) **einzig und allein** ausschlaggebend für die Erbeinsetzung gewesen sein. 193

In der Praxis werden diese Voraussetzungen wohl nur selten erfüllt sein. Es müsste nämlich schon im Testament **festgehalten** sein, dass der Testamentserrichter zB seine Ehefrau einzig und allein in der Erwartung zur Erbin einsetzt, dass sie etwa nie fremdgeht, oder immer mindestens 40 Stunden pro Woche am Hof tatkräftig mitarbeitet, oder nie Alkohol trinkt oä. Eine solche Anordnung wird in einem Testament wohl **kaum je** vorkommen. Und selbst wenn: Es würden sich dann immer noch sehr schwierige Beweisfragen ergeben, wenn die Ehefrau dann abstreitet, sich so verhalten zu haben, dass sie nicht mehr Erbin sein kann. 194

Nach **neuer** Rechtslage ab **1.1.2017** wäre der Fall 9 (Rz 182) auch sonst nicht **einfacher** als mit einer Irrtumsanfechtung zu lösen gewesen: Denn nun wird ein Testament, wonach die Lebensgefährtin Erbin sein soll, zwar schon nach dem Gesetz un- 195 wirksam, wenn die Lebensgemeinschaft beendet ist (siehe dazu Fall 5 Rz 143b). **Nur**: Die Lebensgemeinschaft der Tanja D. mit dem Umfallopfer war im Zeitpunkt des Unfalls noch nicht als beendet anzusehen, die von der Familie beobachteten „Fehltritte" der Tanja D. mit anderen Männern hatten sich nicht beweisen lassen.

3. Vom Pflichtteil

Wenn Sie kein Testament machen und es dabei belassen wollen, dass die im Gesetz vorgesehenen Erben Ihr Vermögen erhalten: Dann brauchen Sie sich über Pflichtteile keine Gedanken zu machen. Das Thema „Pflichtteil" ist – wenn es zur **gesetzlichen Erbfolge** kommt – **grundsätzlich kein Thema**. Wenn Sie allerdings **Schenkungen** zu Lebzeiten vorgenommen haben, kann es auch bei der gesetzlichen Erbfolge zur Pflichtteilsergänzung kommen (dazu Rz 340ff). 196

Wenn Sie hingegen ein **Testament** machen und damit die im Gesetz vorgesehene Erbfolge abändern wollen, ist das **Pflichtteilsrecht** für Sie sehr wohl ein Thema. Und zwar ein sehr wichtiges. Vielleicht das **wichtigste** Thema überhaupt: 197

WAS ist der Pflichtteil?

Bestimmte **nahe Angehörige** müssen in jedem Fall einen **Mindestanteil** am Wert Ihres Nachlasses erhalten. Soweit Sie hiefür im Testament **nicht vorgesorgt** haben – soweit diese 198

Personen also nach Ihrem Testament leer ausgehen oder zu wenig erhalten –, haben diese Personen gegen den/die im Testament eingesetzten Erben einen **Anspruch auf Zahlung** dieses Mindestanteils, eben den „**Pflichtteilsanspruch**".

WER sind die Pflichtteilsberechtigten?

199 Die von Ihnen nicht (ausreichend) bedachten Angehörigen werden Pflichtteilsberechtigte (vormals auch: Noterben) genannt. Pflichtteilsberechtigt sind vor allem Ihre **Kinder**. Sind Kinder schon verstorben, sind aber Kindeskinder, also Enkelkinder vorhanden, sind diese pflichtteilsberechtigt. Und: Ihr **Ehepartner** ist ebenso pflichtteilsberechtigt.

200 Die **Eltern** eines Verstorbenen waren pflichtteilsberechtigt, wenn sich der Todesfall vor dem 1.1.2017 ereignet hat. Seit 1.1.2017 sind Eltern **nicht** mehr pflichtteilsberechtigt.

201 **Niemals pflichtteilsberechtigt** waren und sind Ihre Geschwister, die Neffen, Nichten, Onkeln, Tanten, Cousins/Cousinen wie auch der Lebensgefährte. Der Lebensgefährte ist auch bei Todesfällen ab 1.1.2017 nicht pflichtteilsberechtigt (er kann nur „letzter" gesetzlicher Erbe sein, siehe Rz 20ff).

Wie HOCH ist der Pflichtteil?

202 Um die Höhe des Pflichtteils zu berechnen, muss **zuerst gefragt** werden: **Was hätte** Ihr – im Testament nicht (ausreichend) bedachter – naher Angehörige **als gesetzlicher Erbe erhalten**? Denn der Pflichtteil ist die **Hälfte dessen**, was dieser Angehörige – Ehepartner und/oder Kind – nach dem Gesetz erhalten hätte.

203 Zur Ermittlung der Höhe des Pflichtteilsanspruchs müssen Sie also **weitere Rechenaufgaben** erledigen. Gut Bruchrechnen

zu können, ist wieder von Vorteil: Die **Kinder** (Enkel) und der **Ehepartner** erhalten als Pflichtteil – wenn sie im Testament nicht (ausreichend) bedacht werden – die **Hälfte** dessen, was sie als gesetzliche Erben bekommen hätten (zur gesetzlichen Erbfolge Rz 26ff).

Ein Beispiel: Der Verstorbene hinterlässt seine Ehefrau und drei Kinder. Und ein Testament, wonach seine Berufskollegin und Freundin seine Erbin sein soll. **Nach dem Gesetz** hätte die Ehefrau 1/3 des Vermögens erhalten, die verbliebenen 2/3 wären den Kindern zugefallen, die nach „Köpfen" teilen, sodass jedes Kind nach dem Gesetz 2/9 erhalten hätte (siehe dazu schon oben im Kapitel 1 Rz 28). Folglich beläuft sich der **Pflichtteil** der Ehefrau auf **1/6** (die Hälfte von 1/3), der Pflichtteil jedes Kindes errechnet sich mit **1/9** (der Hälfte von 2/9). Diese so berechneten Anteile werden auch **Quoten** genannt. Zu zahlen sind diese Pflichtteile von der Testamentserbin. 204

Immer wenn ein Verstorbener in seinem **Testament** sein gesamtes Vermögen anderen Personen als seinen Kindern und dem Ehepartner hinterlässt, also zB der Lebensgefährtin oder auch Vereinigungen (wie zB dem Tierschutzverein, dem Roten Kreuz, den Ärzten ohne Grenzen, dem St. Anna Kinderspital), einer Religionsgemeinschaft oder sonst wem, können Ehepartner und Kinder des Verstorbenen, die **nach dem Testament leer ausgehen**, vom Testamentserben die **Zahlung** ihres Pflichtteils **verlangen**. 205

Kann der Testamentserbe vor den Pflichtteilsberechtigten GESCHÜTZT werden?

Ja: Wer schon in seinem **Testament** seine Kinder und den Ehepartner **nicht leer** ausgehen lässt, wer also in seinem Testament diesen Pflichtteilsberechtigten zB eine **Sache** oder einen 206

Geldbetrag als Vermächtnis zur Abgeltung des Pflichtteils **hinterlässt**, hat damit dafür vorgesorgt, dass der Pflichtteil als erfüllt gilt. Dies aber **nur**, **wenn** das Zugedachte **wertmäßig** dem Pflichtteil dieses Angehörigen **entspricht**.

207 Auch schon zu Lebzeiten, also zB mit einer Schenkung oder einer Schenkung auf den Todesfall, kann erreicht werden, dass der Pflichtteilsberechtigte vom Testamentserben in Ruhe gelassen wird (siehe dazu Rz 29 und unter Kapitel 6 Rz 332ff). Meist kommt ein Pflichtteilsverzicht dazu (vgl dazu Rz 230).

208 Bei der Vorsorge für den Pflichtteil muss aber **gut gerechnet** werden. Eine fachkundige Beratung ist jedenfalls zu empfehlen: Erhält der Pflichtteilsberechtigte im Testament eine Sache zugedacht, die **weniger** wert ist als es seinem Mindestanteil am Wert des Nachlasses entspricht, hat er gegen den Testamentserben dennoch einen Anspruch auf **Zahlung** des fehlenden Geldbetrages. **Und**: Der Anspruch auf den Pflichtteil ist immer ein Anspruch auf **Geld**. Der Betrag ist vom Erben im Regelfall ohne jede Einschränkung in voller Höhe zu **zahlen**.

209 Seit 1.1.2017 kann die Zahlung an den Pflichtteilsberechtigten von **Bedingungen** abhängig gemacht werden: Der Pflichtteil kann mit einer Vor- oder Nacherbenstellung belastet werden (Rz 134ff). Es kann die Zahlung des Pflichtteils auch zB auf 5 Jahre (in besonderen Ausnahmefällen auf 10 Jahre) **gestundet** werden. Dann muss der Pflichtteilsberechtigte auf die Zahlung warten. Es kann die Zahlung des Pflichtteils auch **in Raten** innerhalb von bis zu 5 Jahren (in Ausnahmefällen bis zu 10 Jahren) schon im Testament **angeordnet** werden. Der Pflichtteilsberechtigte erhält bei Stundung bzw Ratenzahlung zwar **4 % Zinsen pro Jahr ab dem Tod** des Verstorbenen, er muss sich aber so eine Beschränkung seines Pflichtteils jedenfalls gefallen lassen. Der verminderte Nutzen für den Pflichtteilsberechtigten ist nur bei der Bewertung des Zugedachten zu berücksichtigen (siehe zur Bewertung Rz 217ff).

Kurzum: Wenn Sie in Ihrem Testament Ihrem Ehepartner oder Ihren Kinder zur Abdeckung der Pflichtteile jeweils eine Sache vermachen, die **weniger wert** ist als der Pflichtteil, schaffen Sie damit die Voraussetzung für einen **Streit** zwischen Ihrem Testamentserben und den zu kurz gekommenen Angehörigen. Diese Angehörigen müssen sich zwar den Wert der ihnen jeweils vermachten Sache anrechnen lassen, den jeweiligen **Fehlbetrag** hat der Testamentserbe jedoch ohne Wenn und Aber an den Pflichtteilsberechtigten **auszuzahlen**. 210

WOVON und WIE wird der Pflichtteil berechnet?

Grundlage für die Berechnung des Pflichtteils ist der sogenannte „**reine Nachlass**". Der Nachlass besteht aus allen Vermögenswerten und Schulden (Aktiva und Passiva), die der Verstorbene hinterlassen hat. Der reine Nachlass ist sozusagen der „Netto-Nachlass", was also **unterm Strich übrigbleibt.** 211

Der Nachlass wird im Verlassenschaftsverfahren (siehe dazu Kapitel 7 Rz 388ff, 424ff) dadurch ermittelt, dass von **allen** im Nachlass **vorhandenen** Vermögenswerten (die mit dem Verkehrswert zum Todestag des Verstorbenen geschätzt werden) die Schulden des Verstorbenen, die Begräbniskosten, Kosten des Notars und der Schätzung und weitere Kosten wie zB die Kosten für das Abmelden des Autos oder Räumungskosten abgezogen werden (siehe dazu ausführlich Rz 424ff). Was **übrig bleibt**, ist der reine Nachlass. Wenn er positiv ist, werden **davon** die Pflichtteile berechnet. 212

Ein Beispiel: Der Verstorbene hinterlässt ein Grundstück mit Haus. Zum Todestag war der geschätzte Verkehrswert € 240.000,–. 213

Die Schulden des Verstorbenen sind noch mit € 50.000,– nicht zurückbezahlt, das Begräbnis hat € 10.000,– gekostet. Der reine Nachlass ist folglich € 180.000,– (€ 240.000,– minus € 50.000,– minus € 10.000,–).

Für das zuvor genannte Beispiel – der Verstorbene hinterlässt eine Ehefrau und drei Kinder und ein Testament, wonach seine Lebensgefährtin seine Erbin sein soll (Rz 204) – bedeutet das: Der Pflichtteil der Ehefrau beträgt € 30.000,– (€ 180.000,– : 1/6) und der Pflichtteil der drei Kinder je € 20.000,– (€ 180.000,– : 1/9). Die Lebensgefährtin als Testamentserbin hat sohin insgesamt € 90.000,– an die Pflichtteilsberechtigten auszuzahlen.

214 Der Pflichtteil ist seit 1.1.2017 zwar sofort fällig. Die Pflichtteilsberechtigten dürfen aber – wenn sie **Geld** zu erhalten haben – den Pflichtteil **erst 1 Jahr nach dem Tod des Verstorbenen fordern**. Dies allerdings mit 4 % Zinsen pro Jahr ab dem Todestag des Verstorbenen.

215 Die Pflichtteile können freilich (nach alter wie nach neuer Rechtslage seit 1.1.2017) **nicht dadurch vereitelt** werden, dass der Verstorbene sein Vermögen **schon zu Lebzeiten** an seinen Ehepartner oder an eines der Kinder **herschenkt.** Er sorgt damit zwar dafür, dass er als Nachlass nur Schulden hinterlässt. Oder eine „Schwarze Null“. Nur: In einem solchen Fall können die zu kurz gekommenen Angehörigen **vom beschenkten Angehörigen** den Pflichtteil verlangen, und zwar jenen **Geldbetrag,** der ihrem Pflichtteil (zB von 1/6 oder 1/9 in unserem Beispiel oben Rz 213) am Wert des Geschenks entspricht. Egal, wann das Geschenk gemacht worden ist, kurz vor dem Tod, 5 Jahre, 10 Jahr oder 50 Jahre zuvor.

216 **ACHTUNG**: Nur dann, wenn der Verstorbene sein Vermögen wie zB Haus und Grund an Personen verschenkt, die **nicht**

pflichtteilsberechtigt sind, also etwa an seine Lebensgefährtin, an seinen Neffen, an einen Verein usw (siehe Rz 205), können die Pflichtteilsberechtigten unter Umständen **leer** ausgehen: Wenn der Geschenkgeber die Schenkung nämlich **2 Jahre** lang **überlebt** und erst dann stirbt, haben die beschenkten „fremden" Personen an die Angehörigen den Pflichtteil vom Geschenk **nicht** mehr zu zahlen.

Wie ist der Wert des Geschenks zu ermitteln? Bei Todesfällen 217
bis zum 31.12.2016 ist der **Wert des Geschenks** so bestimmt worden, dass der Zustand der geschenkten Sache im Schenkungszeitpunkt zum Todeszeitpunkt zu bewerten war. Es ist im Ergebnis also unterstellt worden, die geschenkte Sache wäre noch im Nachlass des Verstorbenen. **Seit 1.1.2017** gelten **neue Bewertungsregeln:** Es wird der Wert der geschenkten Sache zum Schenkungszeitpunkt ermittelt. Der so bestimmte Wert wird mit dem Verbraucherpreisindex zum Todeszeitpunkt angepasst.

Ebenso werden auch **alle anderen Zuwendungen zu Leb-** 218
zeiten an Ehepartner und Kinder **berücksichtigt**: Also neben Schenkungen etwa auch Vorschüsse auf den Pflichtteil, Abfindungen für den Pflichtteilsverzicht etc. Auch diese Zuwendungen werden auf den Pflichtteil angerechnet, also von diesem mit dem Wert zum Schenkungszeitpunkt (angepasst mit dem Verbraucherpreisindex zum Todestag) abgezogen.

Seit **1.1.2017** wird überdies **alles**, was der Pflichtteilsberechtigte 219
nach dem Tod des Verstorbenen erhält, auf seinen Pflichtteil automatisch **angerechnet**: Jedes Vermächtnis (beim Ehepartner: auch das Vorausvermächtnis) oder ein Erbteil (oder auch Zuwendungen aus Privatstiftungen) werden vom Pflichtteilsanspruch mit dem Wert zum Todeszeitpunkt abgezogen.

220 Das **Berechnen** der Pflichtteile ist seit 1.1.2017 eine sehr **komplizierte** Sache geworden. Nicht nur, dass im Einzelnen aufgelistet werden muss, wer von den Angehörigen wann welche Geschenke erhalten hat. Und wer sonst noch in den letzten zwei Jahren vor dem Todesfall welche Geschenke erhalten hat. Alle diese Geschenke sind, wie dargestellt, zum Schenkungszeitpunkt zu bewerten (und mit dem VPI aufzuwerten). Dazu werden Sachverständige unvermeidlich notwendig. Alle so bewerteten Geschenke sind rechnerisch zum Reinnachlass (Rz 211) hinzuzurechnen. Dann sind die Pflichtteile im Hinblick auf die Quoten (1/6 oder 1/9 im Beispiel lt Rz 204) konkret zu berechnen und zu beziffern (so wie im Beispiel Rz 213). Auf den so errechneten Betrag muss sich jeder Angehörige den Wert jener Geschenke anrechnen lassen, die er selbst erhalten hat. Ebenso die allfälligen Vermächtnisse oder Erbteile. Bleibt noch ein davon nicht abgedeckter Rest offen, so ist dies der Pflichtteils(ergänzungs)anspruch.

221 **Für Pflichtteilsberechtigte ist es in der Praxis oft gar nicht so einfach, zu ihrem Geld zu kommen – vor allem dann, wenn die Testamentserben sich nicht in die Karten schauen lassen wollen:**

Fall 9a

Die schweigsamen Testamentserben – Auskünfte zum Nachlass

222 Herr Mag. S. aus Wien-Hietzing war bei seiner Mutter, einer wohlhabenden Apothekerin, in Ungnade gefallen. Er hatte nicht studiert, was sie wollte, und dann auch noch die falsche Frau geheiratet. Er sagt, er wäre hinausgeworfen worden.

Nach dem Tod der Mutter kämpft er gegen seinen Vater und seine Schwester um die Herausgabe seiner persönlichen Sachen und um sein Erbe. Herr Mag. S. wurde von der Mutter beim Erben auf das gesetzliche Minimum, den sogenannten Pflichtteil beschränkt. Seine Schwester und sein Vater hätten gemeinsam viel vom Erbe verheimlicht, damit er weniger bekommt, erklärt sein Anwalt.

Die Gegenseite argumentiert, Herr Mag. S. hätte ohnedies schon genug vom Erbe bekommen, im Übrigen wäre es allein Aufgabe des Klägers, zu beweisen, wieviel Geld seine Mutter gehabt hatte. Es geht um eine sogenannte Stufenklage.

Bevor Herr Mag. S. Geld fordern kann, muss er seine Schwester und seinen Vater zunächst einmal zwingen, das Vermögen der verstorbenen Mutter offenzulegen. Und die wollen das nicht, der Vater weigert sich sogar strikt, vor Gericht zu erscheinen. Der Richter muss entscheiden, ob man ihn zur eidlichen Vermögensangabe zwingen kann. Und er ist der Meinung, dass es eine Umgehung des Rechts wäre, wenn der Vater aus prozessualen Gründen nicht aussagen kann.

Der Richter kam zu folgenden Feststellungen: Die Verstorbene verschenkte gegen Ende ihres Lebens wesentliche Teile ihres Vermögens an die Beklagten, also an ihren Mann und ihre Tochter. Und die Ansprüche auf Offenlegung dieser Zuwendungen bestünde zu Recht.

Wie ist der Pflichtteil in DIESEM Fall KONKRET zu beziffern?

Im Verlassenschaftsverfahren ist zunächst eine Übersicht über 223
alle Aktiva und Passiva erstellt worden, die die Mutter hinterlassen hat (zum **Inventar** siehe im Kapitel 7 Rz 424ff). Das Netto-Ergebnis ist der **reine Nachlass** (Rz 211f). Davon ist der Pflichtteil berechnet worden, nämlich als **Quote davon** (diese Quote kann 1/6 sein oder 1/4 oder 1/9 oder 5/12 oder was auch immer der Hälfte des gesetzlichen Erbteils entspricht). Im konkreten Fall war der Pflichtteil von Herrn Mag. S. 1/6 vom reinen Nachlass (vgl zur Bezifferung Rz 202ff). Diese Quote ist an sich leicht zu berechnen gewesen.

224 **Nur**: Offenbar haben Vater und Schwester des Herrn Mag. S. dafür gesorgt, dass im Verlassenschaftsverfahren nicht alle Vermögenswerte der Mutter im Inventar erfasst worden sind. Und damit ist völlig unklar geworden, wovon der 1/6 Pflichtteil des Herrn Mag. S. konkret zu berechnen und zu beziffern ist. Das Einreichen einer **Klage** war der einzige Ausweg.

Was ist eine Stufenklage?

225 Pflichtteilsberechtigte können von den Testamentserben verlangen, dass diese Testamentserben **Angaben** zum Vermögen des Verstorbenen machen, diese Angaben **unter Eid** bestätigen und dann die entsprechende Zahlung leisten. Mitunter kann aber selbst eine solche Stufenklage nicht zielführend sein. Wenn sich Vater und Schwester nämlich im Fall 9a (Rz 222) auch nach dem Urteil des Richters weiter weigern, Angaben zum Vermögen der Mutter zu machen, und selbst das Urteil, das sie dazu verpflichtet, ignorieren, können nur Ordnungsstrafen und allenfalls Beugehaft die Folge sein – ob damit aber eine Offenlegung des Vermögens der Mutter dann tatsächlich auch erreicht werden kann, steht in den Sternen.

Das Recht auf AUSKUNFT

226 Seit **1.1.2017** gibt es einen neuen eigenen **Auskunftsanspruch**. Damit soll der Pflichtteilsberechtigte – im Fall 9a (Rz 222) der Sohn – mehr über jene **Geschenke** erfahren, die seine verstorbene Mutter zu Lebzeiten anderen Pflichtteilsberechtigten – oder auch zB an Dritte in den letzten zwei Jahren vor seinem Tod – gemacht hat. Über solche Geschenke müssen nicht nur die Testamentserben Auskunft geben, sondern insbesondere auch die Beschenkten. **Nur:** Vermögen, das die Verstorbene bis zuletzt nicht verschenkt hat, das aber nach ihrem Tod plötzlich verschwunden ist, kann selbst mit diesem neuen Auskunftsanspruch oft nicht aufgespürt werden.

Manchmal hilft, eine **rückwirkende Kontenabfrage:** Eine solche darf der im Todesfall zuständige Notar (siehe Kapitel 7 Rz 397ff) allerdings nur veranlassen, wenn es schon **konkrete Anhaltspunkte** dafür gibt, dass mit dieser Abfrage auch konkrete Hinweise auf weiteres nachlasszugehöriges Vermögen des Verstorbenen hervorkommen werden. Einfach so, nur auf Verdacht, darf eine solche Abfrage nicht durchgeführt werden. 227

Wie kann der Pflichtteil sonst verfolgt werden?

Oft wird in der Praxis – vor allem, wenn es keine Geschenke des Verstorbenen gegeben hat – gleich eine **Klage auf Zahlung** des Pflichtteils eingereicht. Die Klage kann aber für den Pflichtteilsberechtigten riskant sein: Denn er kann die verlangte Zahlung der Höhe nach nur „ungefähr", nach seinen Vermutungen zum vorhandenen Vermögen, beziffern, die Höhe also beim Einreichen der Klage noch nicht beweisen. Diese Werte werden dann erst von Sachverständigen im Verfahren verbindlich festgestellt. Dann erst weiß der Kläger, ob er mit seinen Vermutungen richtiggelegen ist. Da ist es für Pflichtteilsberechtigte oft **besser**, im Verlassenschaftsverfahren die Schätzung und Auflistung der Nachlasssachen im **Inventar** zu verlangen (dazu im Kapitel 7 Rz 424ff). Das Inventar gibt dann eine konkrete Grundlage für die Pflichtteilsklage. Oder es erspart vielleicht sogar die Klage: Wenn die Testamentserben jenen Pflichtteil, der sich nach dem Inventar errechnet, akzeptieren und auch ohne Klage zu zahlen bereit sind (siehe dazu Kapitel 7 Rz 436ff), kann ein Pflichtteilsübereinkommen beim Notar abgeschlossen werden. 228

Muss denn der Pflichtteil IMMER gezahlt werden?

Der Pflichtteil kann im Testament auch **entzogen** werden. Dies aber nur, wenn sich der Pflichtteilsberechtigte gegenüber dem Testamentserrichter ganz bestimmter, sehr **schwerer** 229

Verfehlungen schuldig gemacht hat (siehe dazu im Kapitel 5 „Enterbung“ Rz 289ff). In manchen Fällen kann der Testamentserrichter auch – wenn zwischen ihm und einem pflichtteilsberechtigten Angehörigen lange Zeit kein familiäres Naheverhältnis bestanden hat – den Pflichtteil dieses Angehörigen auf die Hälfte **mindern** (Pflichtteilminderung, siehe dazu im Kapitel 5 Rz 315ff).

Gibt es auch einen VERZICHT auf den Pflichtteil?

230 **Ja**. Der Pflichtteilsberechtigte kann auf seinen Pflichtteil schon vorab – zu Lebzeiten der später verstorbenen Person – verzichten. Meist erhält er dafür eine Gegenleistung, also zB etwas geschenkt. Die **Vereinbarung**, die mit einem Pflichtteilsberechtigten über den Pflichtteilsverzicht schon **unter Lebenden** getroffen wird, bedarf einer besonderen **Form** (gerichtliches Protokoll oder Notariatsakt). Ohne diese Form ist ein „Verzicht“ ohne jede Wirkung. Beratung beim Verzicht ist unbedingt zu empfehlen. Ein Verzicht bedeutete für den Verzichtenden, dass er **nicht mehr** mit dem Pflichtteil bedacht werden **muss**. Und dass er keinen Pflichtteil mehr einklagen kann.

231 **Verzichtet** der **Ehepartner** auf den Pflichtteil, sollte **immer** auch **geklärt** werden**, ob** der Ehepartner damit auch auf das **Vorausvermächtnis** (vor allem auf das Recht, in der Ehewohnung weiter zu wohnen) verzichtet (vgl dazu Rz 236ff).

232 Hat einer Ihrer nahen Angehörigen schon vorab auf seinen Pflichtteil verzichtet? Sie können ihn in Ihrem Testament dennoch bedenken, müssen dies aber nicht mehr tun. In jedem Fall sollten Sie aber den Verzichtsvertrag fachkundig prüfen lassen, damit es keine Überraschungen gibt.

Der Pflichtteil hat in zwei bereits geschilderten Fällen aus der journalistischen Praxis bereits eine Rolle gespielt:

Einmal in jenem **Fall 4** (Rz 79), als sich die **erste geschiedene Ehefrau** Hilde O. um ihren schwerkranken vormaligen Ehemann Arno A. kümmerte, während dessen **zweite Ehefrau** Rita A. sich von ihm schon lange getrennt hatte und sich um ihren Ehemann gar nicht kümmerte. Der gutmütige Arno A. hatte ein handschriftliches Testament zu Gunsten seiner geschiedenen ersten Frau Hilde errichtet, wonach seine zweite, mit ihm verheiratete, aber nicht bei ihm lebende Frau Rita nichts bekommen hätte sollen. Nach diesem **Testament** sollte die zweite Ehefrau leer ausgehen. Nur deshalb war die Testamentserbin Hilde den **Pflichtteilsansprüchen der zweiten Ehefrau** des Verstorbenen **ausgesetzt**. 233

Weil Arno A. kinderlos gewesen war, hatte (nach alter wie nach neuer Rechtslage ab 1.1.2017) die zweite geschiedene Ehefrau – die ohne das Testament Alleinerbin gewesen wäre – als **Pflichtteil** die **Hälfte dessen** zu erhalten, was sie nach dem Gesetz als Erbin bekommen hätte. Geld, mit dem die Testamentserbin Hilde den Pflichtteil zahlen hätte können, war offenbar keines da. Nur **deshalb** hatte die Testamentserbin Hilde O. das geerbte **Haus verkaufen** und den **Verkaufserlös** mit der zweiten Ehefrau des Verstorbenen Rita A. **teilen müssen**. Hätte Arno A. rechtzeitig vorgesorgt und beim Abfassen seines Testamentes nicht ganz offenkundig auf den Pflichtteil für seine Frau Rita vergessen, wäre Hilde der Verkauf des Hauses wohl erspart geblieben. 234

Im **anderen Fall 9** (Rz 182), in jenem nämlich, in dem die Lebensgefährtin Tanja D. vom Bauern Josef H. nach dessen Traktorunfall ihren dritten Hof geerbt hat, hätte die **Mutter** von Josef **Anspruch auf den Pflichtteil** gehabt. Dies, weil Josef 235

keine Kinder gehabt hatte, und weil Josef vor dem 1.1.2017 gestorben ist (wäre Josef nach dem 31.12.2016 gestorben, hätte die Mutter von Josef nicht einmal Anspruch auf den Pflichtteil gehabt, vgl Rz 200).

4. Zum Vorausvermächtnis und zum Pflegevermächtnis

236 Schon nach dem **Gesetz** – nach alter wie nach neuer Rechtslage seit 1.1.2017 unverändert – erhält der **Ehepartner** des Verstorbenen das **Recht**, in der Ehewohnung **weiterzuwohnen** und die Haushaltssachen und Einrichtungsgegenstände zu **behalten**. Dieses Recht, das sogenannte **Vorausvermächtnis** kann dem Ehepartner nur mit einer Anordnung im Testament genommen werden. Und: Die Anordnung ist auch nur gültig, wenn sich der Ehepartner gegenüber dem Testamentserrichter so schlecht verhalten hat, dass er auch gleich enterbt werden könnte (siehe dazu Kapitel „Enterbung" Rz 289ff).

237 Zum Vorausvermächtnis, das auch ein **Lebensgefährte** erhalten kann, wenn sein Lebensgefährte nach dem 31.12.2016 stirbt, siehe unter Rz 273ff.

238 **In der Praxis erhält der Ehepartner mit dem Vorausvermächtnis sehr oft den weitaus größten Teil der Verlassenschaft. Manchmal geht der Ehepartner aber überraschend leer aus.**

Fall 10
Frau X. - ein Opfer ihres Mannes?

239 Haus an Haus haben hier früher Gerhard X. und Gabriele Y. gelebt. Aber dann sind ihre Ehepartner gestorben, Gerhard und Gabriele sind sich nähergekommen, in Herrn X.´ Haus zusammengezogen und haben geheiratet. 30 Jahre hätten sie hier zusammengelebt, erzählt die nunmehrige Frau Gabriele X. Dann ist im März 2015 auch ihr Gerhard gestorben, und jetzt wird heftig darüber gestritten, ob Frau X. in seinem Haus weiterwohnen darf.

Denn das hätte Herr X., ohne ihr etwas zu sagen, 2009 seinem Sohn aus erster Ehe geschenkt, und der könne sie überhaupt nicht leiden. Herr X. hat damals im Schenkungsvertrag festgehalten, dass er bis zu seinem Tod im Haus wohnen darf. Von Frau X. steht nichts in diesem Vertrag. Und schon vor der Hochzeit hatten die beiden ausgemacht, dass sie voneinander nichts erben sollten. Und weil der Stiefsohn jetzt das Haus haben will, soll sie das alles ohne irgendeine Entschädigung zurücklassen?

Was ist stärker: Das Recht des mit einem Haus Beschenkten, damit zu tun, was er glaubt, oder das Recht des überlebenden Ehegatten, in der Ehewohnung zu bleiben, egal ob sie verschenkt wurde oder nicht?

Der Stiefsohn ist überzeugt, dass mehrere OGH-Urteile für ihn sprechen würden. Frau X. sieht das naturgemäß anders und bringt in der Verhandlung vor, man müsse ihr in jedem Fall ersetzen, was sie alles ins Haus investiert hat. Etwa für die Fassade oder neue Fenster. Dafür muss sie allerdings Rechnungen und Belege vorweisen können, meint der Anwalt des Stiefsohns.

Die Entscheidung des Gerichts sollte Frau X. hart treffen. Es stellte fest, dass Frau X.´ Mann im verschenkten Haus zum Schluss nur mehr ein Wohnrecht gehabt habe. Das sei mit einem Tod erloschen, und aus diesem Wohnrecht ließe sich für sie keine Berechtigung zur Benützung des Hauses abteilen.

Im Wohnzimmer von Frau X. steht jetzt wieder das Bild ihres verstorbenen ersten Mannes. Das Bild von Herrn X. wurde weggeräumt, denn über den denkt sie jetzt nicht mehr so gut.

Als Gerhard und Gabriele in Herrn X. Haus zusammengezogen sind und geheiratet haben, war für Frau X. die Welt erbrechtlich noch in Ordnung. Denn schon **mit der Eheschließung** ist für sie nach dem Gesetz das sogenannte „Vorausvermächtnis“ entstanden, also vor allem das Recht, nach dem Tod ihres Ehemannes im Haus von Herrn X. **weiterzuwohnen und die Einrichtung zu behalten**. Wäre Gerhard **schon damals** gestorben, hätte Gabriele das Haus von Herrn X. **lebenslang** weiterbewohnen dürfen, selbst wenn dessen Sohn das Haus von Herrn X. geerbt hätte. 240

Dass Gerhard und Gabriele schon **vor** der Hochzeit ausgemacht hatten, dass sie **von einander nichts erben** sollen, hätte daran nichts geändert. Zum einen, weil eine solche „Abmachung“ – wenn sie nur mündlich besprochen ist – unwirksam ist. Zum anderen: Gabriele hätte damals das **Wohnrecht nur verlieren** können, wenn sie sich gegenüber Gerhard so gravierend böse verhalten hätte, dass ihr von Gerhard (mit einem Testament) das Wohnrecht **entzogen** worden wäre (siehe Kapitel 5 Rz 289ff). Oder wenn Gabriele zu Lebzeiten von Gerhard ihrem Mann gegenüber schriftlich vor einem Notar auf ihren Pflichtteil **verzichtet** hätte (Rz 230ff). Mit einem solchen Verzicht hätte sie auch ihr „Vorausvermächtnis“ und das dazugehörende Wohnrecht aufgegeben (siehe Kapitel 3 Rz 230ff). 241

So war es aber nicht. Gabriele hat sich gegenüber Gerhard nichts zuschulden kommen lassen, Sie hat offenbar auch auf nichts verzichtet. Gabriele hätte also – wäre Gerhard **vor** der Schenkung im Jahr **2009** gestorben – auf Lebenszeit ein Wohnrecht im Haus von Gerhard gehabt. 242

Was konkret hat die Schenkung des Hauses an den Sohn für die Rechte der Frau X. bewirkt?

243 Dass Gerhard 2009 seinem Sohn aus erster Ehe das Haus geschenkt hat, hat für seine Frau alles verändert, auch wenn Gabriele davon gar nichts gewusst hat. Hätte Gabriele von der Schenkung erfahren, wäre es vielleicht schon damals zum Bruch der Ehe gekommen. Denn dass Gerhard **ohne Wissen seiner Frau** das Haus – in dem beide gemeinsam gelebt haben – an seinen Sohn verschenkt, hätte als Eheverfehlung sogar ein **Scheidungsgrund** für Gabriele sein können. Dies vor allem, weil Herr X. im Schenkungsvertrag nur festgehalten hat, dass nur **er selbst** bis zu seinem Tod im Haus wohnen darf**, seine Frau aber im Vertrag mit keinem Wort erwähnt** hat. Er hat damit die Ehewohnung quasi „hinter dem Rücken" seiner Frau an seinen Sohn verschenkt, ohne sich um das Wohnrecht seiner Frau zu kümmern. Das entspricht nicht dem Verhalten, das Eheleute einander schuldig sind.

244 Hätte Gabriele damals regelmäßig im **Grundbuch** nachgeschaut, hätte sie vielleicht gesehen, dass nicht mehr Gerhard der Eigentümer des Hauses ist, sondern der Sohn von Gerhard. Vielleicht hätte Gabriele das aber nicht einmal im Grundbuch entdecken können. Es werden nämlich Schenkungsverträge im Grundbuch **oft nicht gleich eingetragen**, sondern erst später – wenn der Geschenkgeber gestorben ist – auf den Tisch gelegt (siehe dazu noch im Kapitel 6 „Schenkungen" Rz 371ff).

245 Indem Herr X. im Schenkungsvertrag mit seinem Sohn nur festgehalten hat, dass er selbst bis zu seinem Tod im Haus wohnen darf, seine Frau Gabriele aber gar nicht erwähnt hat, hatte Gerhard in seinem (vormaligen) Haus seit 2009 selbst nur mehr ein höchstpersönliches – **nur für ihn selbst geltendes – Wohnrecht**. Dieses Wohnrecht ist mit dem **Tod** von Gerhard **erloschen**. In einem solchen Fall gibt es auch **kein**

Vorausvermächtnis, also auch kein Voraus-Wohnrecht für den überlebenden Ehepartner mehr.

Wäre für Frau X. das Voraus-Wohnrecht nicht doch zu erhalten gewesen?

Gerhard hätte **im Schenkungsvertrag** mit seinem Sohn **festhalten** müssen, dass das Wohnrecht nicht nur für ihn gelten soll. Dass also **auch Gabriele lebenslang** im Haus wohnen darf. Dann hätte der Sohn dieses Wohnrecht von Gabriele auch nach dem Tod von Gerhard **akzeptieren** müssen. Auch wenn Gerhard seinem Sohn das Haus nicht mit sofortiger Wirkung **geschenkt** hätte, sondern erst **auf den Todesfall** von Gerhard, wäre das Wohnrecht von Gabriele unantastbar geblieben (siehe dazu im Kapitel 6 „Schenkungen" Rz 371ff). 246

So aber: Wenn Gabriele nicht nachweisen kann, dass Gerhard und sein Sohn den Schenkungsvertrag **nur deshalb** so abgeschlossen haben, um Gabriele um ihr Wohnrecht zu bringen – was dann den Schenkungsvertrag insofern unwirksam gemacht hätte –, bleibt es dabei: Frau X. hat nach dem Tod ihres Ehemannes **kein Wohnrecht** in jenem Haus mehr, in dem sie mit Gerhard gewohnt hat. Was immer sie in das Haus investiert hat, ist verloren, wenn sie nicht **Rechnungen und Belege** vorweisen kann, wonach sie selbst – mit eigenem Geld – die Investitionen vorgenommen hat. Gabriele X. ist von Gerhard insofern also wohl wirklich um alles gebracht worden. 247

Gabriele hätte besser schon **bei der Eheschließung** darauf drängen sollen, dass ein Wohnrecht für sie im Grundbuch eingetragen wird, sie hätte sich schon **vor der Heirat** mit Gerhard rechtlich beraten lassen sollen. 248

Das VORAUSvermächtnis - was ist das?

249 Der überlebende Ehepartner soll durch den Tod des anderen nicht auch noch aus seiner gewohnten Umgebung gerissen werden. Ihm soll die Ehewohnung als „**Dach über dem Kopf**" und die **Einrichtung** der Wohnung **erhalten** bleiben.

250 Der überlebende Ehepartner erhält deshalb nach dem Gesetz das sogenannte Vorausvermächtnis: Er darf die Ehewohnung **weiter bewohnen**. Er darf auch **alle jene Sachen** in der Wohnung behalten, die zum ehelichen Haushalt gehören und die **notwendig** sind, damit der Haushalt wie bisher weitergeführt werden kann.

251 **Seit 1.1.2017** kann auch ein **Lebensgefährte** ein solches Vorausvermächtnis erhalten: Wer mit dem Verstorbenen in den letzten 3 Jahren vor dessen Tod im gemeinsamen Haushalt gelebt hat, darf die Lebensgefährtenwohnung mit den Einrichtungssachen weiter bewohnen. Allerdings: Diese Rechte **enden 1 Jahr nach dem Tod** des Verstorbenen. Dann müsste der Lebensgefährte ausziehen und darf auch die Einrichtungssachen nicht behalten (siehe dazu auch noch unten Rz 273ff).

Welche SACHEN verbleiben dem Ehepartner konkret?

252 Sachen wie zB Möbel, Geschirr, Bilder, Teppiche, Rundfunk- und Fernsehgeräte, Kühlschrank, Waschmaschine usw **braucht es**, um den **Haushalt weiterzuführen.** Diese Sachen behält der überlebende Ehepartner. Alle diese Sachen erbt niemand anderer. Werden sie im Testament zB den Kindern vermacht, ist das unwirksam.

253 **Tiere**, die zwar keine Sachen sind, rechtlich aber so behandelt werden, gehören auch zur gewohnten Umgebung. Auch Tiere

darf der überlebende Ehepartner im Regelfall behalten. Beim **PKW** kommt es darauf an, ob das Fahrzeug für den Haushalt notwendig war. Dann behält der Ehepartner auch das Fahrzeug, selbst wenn andere (zB die Kinder) Haupterben sind.

Bargeld (mag es auch für den Haushalt bestimmt und abgesondert verwahrt sein) gehört **nicht** zur gewohnten Umgebung, die dem überlebenden Ehepartner erhalten werden soll. Ebenso nicht die **Münz- oder Briefmarkensammlung**. Oder eine Kunstsammlung, die der Verstorbene alleine zusammengestellt hat. Solche Sammlungen und auch Bargeldbestände gehören in der Regel zu den **Ersparnissen**, die der überlebende Ehepartner nicht als Vorausvermächtnis behalten darf. Diese Sachen erhalten im Regelfall die Erben, dazu gehört meist der Ehepartner ohnedies. Er muss aber oft mit den anderen Erben, meist mit den Kindern teilen (siehe unter Rz 16). 254

Der **Lebensgefährte** hat an allen diesen Sachen lt Rz 252 und 253 nur ein bloßes Nutzungsrecht für ein Jahr (siehe dazu auch unter Rz 273ff). 255

Wann besteht das Voraus-WOHNRECHT?

Zum Recht, in der Ehewohnung weiterzuwohnen, kommt es, wenn der überlebende **Ehepartner** nicht schon nach anderen Vorschriften, wie zB nach dem Mietrechtsgesetz, nach dem Wohnungs-Eigentumsgesetz oder nach genossenschaftlichen Vorschriften in der Wohnung bleiben darf. Dem überlebenden Ehepartner soll dann als Vorausvermächtnis das Dach über dem Kopf gesichert bleiben. Das Wohnrecht besteht **auch**, wenn zB die **Kinder** die Erben sind. 256

Das Voraus-Wohnrecht besteht an der **Ehewohnung**. Das ist nur jene Hauptwohnung, in der die Eheleute die meiste Zeit 257 gemeinsam verbracht haben. Das kann auch ein Haus mit Garten sein. Nicht aber zB die – neben der Ehewohnung bestehende – zusätzliche Ferienwohnung.

258 Das Wohnrecht ist **unabhängig** davon, ob der überlebende Ehepartner überhaupt einen **Bedarf** an der Wohnung hat. Der Überlebende darf Gäste, Freunde oder auch einen Lebensgefährten in das Objekt aufnehmen. Er darf dort – ohne Mietzinszahlungen – auf Lebenszeit wohnen. Er hat nur die Betriebskosten zu zahlen. Er muss – wenn es Hypotheken auf dem Grund gibt – die Raten zur Tilgung nicht zahlen, diese Raten zahlen die Erben. Nur vererben kann er selbst das Voraus-Wohnrecht nicht mehr.

259 Für das Wohnrecht des **Lebensgefährten** gilt dasselbe. Nur: Das Nutzungsrecht des Lebensgefährten an der Wohnung endet **ein Jahr** nach dem Tod des Verstorbenen (siehe dazu auch noch unter Rz 273ff).

Wann gibt es KEIN Voraus-Wohnrecht?

260 Wenn zB die Ehewohnung nur deshalb von den Eheleuten bewohnt werden konnte, weil der **Verstorbene** selbst **nur ein für ihn allein geltendes Wohnrecht** mit dem Eigentümer vereinbart hatte (so wie im Fall 10 Rz 239). Oder wenn **nur** der Verstorbene mit anderen Miteigentümern des Wohnhauses eine **Vereinbarung über die Benützung** bestimmter Räume abgeschlossen hatte. Dann darf der überlebende Ehepartner (ohne Zustimmung des Eigentümers oder der anderen Miteigentümer) auch nicht in der Ehewohnung bleiben.

261 Das Voraus-Wohnrecht setzt also voraus, dass der Verstorbene nicht – wie im Fall 10 zuvor Gerhard X. – bloß ein nur für ihn allein geltendes (höchstpersönliches) Wohnrecht oder auch Fruchtgenussrecht an der Ehewohnung hatte. Das **erlischt**

nämlich **mit dem Tod des Berechtigten** und dann hat der überlebende Ehepartner eben kein Voraus-Wohnrecht mehr, wie Frau X. im Fall oben bitter erfahren hatte müssen. Dasselbe gilt für das Voraus-Wohnrecht des Lebensgefährten (siehe dazu unter Rz 273ff).

Kann das Voraus-Wohnrecht dem Ehepartner ENTZOGEN werden?

Wenn der Ehepartner zu Lebzeiten des anderen auf seinen **Pflichtteil verzichtet**, entfällt meist auch das Wohnrecht. Denn ein Erb- oder Pflichtteilsverzicht erfasst im Zweifel das Vorausvermächtnis. Sonst kann das Vorausvermächtnis dem überlebenden Ehepartner nur mit einer rechtmäßigen **Enterbung** genommen werden (siehe dazu Kapitel 5 Rz 289ff). **262**

Achtung: Das Vorausvermächtnis des Lebensgefährten kann dem **Lebensgefährten** sehr einfach entzogen werden, nämlich mit einem Testament. Es braucht auch gar nicht einmal besondere Gründe dafür, warum der Lebensgefährte in der Wohnung nach dem Tod des Testamentsverfassers nicht weiterwohnen können soll, und zwar nicht einmal ein Jahr lang (siehe dazu unter Rz 273ff). **263**

Ist das Voraus-Wohnrecht SICHER?

Ihr Ehepartner hat mit dem Vorausvermächtnis zwar **Vorrang** vor allen anderen Pflichtteilsberechtigten, nicht aber gegenüber Ihren Gläubigern: Diese dürfen – wenn in Ihrem Nachlass sonst nichts mehr vorhanden ist – dem überlebenden Ehepartner in manchen Fällen auch das Wohnrecht (und die Sachen lt Rz 252f) durch Pfändung und Versteigerung wegnehmen lassen (siehe auch Fall 11 Rz 267). **264**

265 Für den Lebensgefährten gilt dasselbe. Allerdings nur ein Jahr lang. Dann müsste er die Wohnung räumen, er darf die Einrichtung nicht mitnehmen (siehe dazu unter Rz 273ff).

266 **Manchmal kann es vorkommen, dass das Voraus-Wohnrecht verlorengeht, obwohl das Gesetz einen solchen Verlust gerade verhindern wollte:**

Fall 11
Das Wohnrecht - Zugriff für Gläubiger?

267 Ihr Leben lang hätte sie keine Schulden gehabt, beteuerte eine 77-jährige Pensionistin, Frau Else J., in einem Brief an uns, trotzdem wolle man sie aus ihrer Eigentumswohnung delogieren, die sie sich einst gemeinsam mit ihrem inzwischen verstorbenen Ehemann geschaffen hatte. Obwohl sie die Wohnung zur Hälfte mitfinanziert hatte, war aber nur ihr verstorbener Gatte im Grundbuch eingetragen.

Was war passiert?

Offenbar waren ihr die Schulden ihres einzigen Sohnes zum Verhängnis geworden. Der, fanden wir heraus, hatte sich nach Scheidung und Jobverlust von einem Bekannten € 18.000,– ausgeborgt und aufgrund von Arbeitslosigkeit und Krankheit nicht mehr zurückzahlen können. Im Verlassenschaftsverfahren nach Herrn J. war zwar dessen Gattin, Frau J., zur Alleinerbin erklärt worden. Aber das wollte der Bekannte ihres Sohnes nicht akzeptieren.

Als einziger Sohn hätte der Sohn ja zumindest den Pflichtteil, also ein Drittel des Werts der Wohnung, erben müssen. Das soll er jetzt gefälligst verkaufen und damit seine Schulden zahlen.

Stimmt nicht, hatte der Sohn eingewandt. Er hätte schon zu Lebzeiten des verstorbenen Herrn J. eine größere Geldsumme erhalten und deswegen eine Erbverzichtserklärung unterzeichnet. Ihm stünde aus der Erbschaft nichts mehr zu.

Der Bekannte und nunmehrige Gläubiger des Sohnes von Frau J.,

Herr S., ging zu Gericht und focht den Erbverzicht an. In erster Instanz wurde seine Klage abgewiesen. Doch der Kläger legte Berufung gegen das Urteil ein und beharrte. Der Erbverzicht des Sohnes sei zu seinem Nachteil aufgesetzt worden. Damit er seine € 18.000,– nicht zurückbekäme. Die zweite Instanz folgte dieser Argumentation. Die Folge: Die Wohnung der Frau J. kann zwangsversteigert werden, um die Schulden des Sohnes zu begleichen.

Das verwunderte auch uns. Denn das Gericht entschied gegen das Gesetz, das das Wohnrecht des überlebenden Ehegatten regelt. Im Gesetz heißt es:

Sofern der Ehegatte nicht rechtmäßig enterbt worden ist, gebühren ihm als gesetzliches Vorausvermächtnis das Recht, in der Ehewohnung weiter zu wohnen, und die zum ehelichen Haushalt gehörenden beweglichen Sachen, soweit sie zu dessen Fortführung entsprechend den bisherigen Lebensverhältnissen erforderlich sind.

Diese Regelung galt in diesem Fall nicht. Offenbar ist dieses Wohnrecht nur ein schuldrechtlicher Anspruch gegen die Erben, aber komischerweise nicht gegen jemanden, der etwas von den Erben zu kriegen hat. Frau J. musste aus der Wohnung und überlebte, wie sie es uns angekündigt hatte, diese Schmach nicht lange. Sie starb wenige Monate nach der Delogierung.

Wie konnte es geschehen, dass das Voraus-Wohnrecht hier nicht gegolten hat?

Das Vorausvermächtnis hat **Vorrang** vor allen anderen Vermächtnissen. Wenn also (um ein Beispiel zu nennen) die Stereoanlage – die nach dem Vorausvermächtnis dem überlebenden Ehepartner zufallen soll – nach dem Testament des Verstorbenen dem Bruder des Verstorbenen vermacht worden ist, gilt das Vermächtnis nicht. Das im Gesetz vorgesehene Recht des Ehepartners ist stärker als das, was der Verstorbene im Testament zugunsten des Bruders **angeordnet** hat (anderes gilt für das Recht des Lebensgefährten aus dem Voraus, siehe Rz 273ff). 268

269 Wenn aber wie hier **Gläubiger** vor der Türe stehen, kann auch anderes gelten. Der Schutz der Ansprüche des Ehepartners gilt dann **manchmal** eben nicht mehr. Wenn die Ehewohnung **zwangsversteigert** wird, kann es dazu kommen, dass das Wohnrecht des überlebenden Ehepartners vom Ersteher nicht mehr beachtet werden muss. Vor allem, wenn das Wohnrecht – wie offenbar im Fall hier – in den Versteigerungsbedingungen nicht erwähnt wird, kann es zur **Delogierung** des Ehepartners kommen, **obwohl** das **Gesetz genau das** mit dem Vorausvermächtnis **verhindern hatte wollen** (auch die Rechte des Lebensgefährten aus dem Vorausvermächtnis haben keinen Vorrang vor den Rechten von Gläubigern, siehe dazu Rz 273ff).

270 Im konkreten Fall hätten Herr J. und sein Sohn schon beim Erbverzicht dahin **Vorsorge** treffen müssen: Die Unterstellung des Gläubigers des Sohnes, der Erbverzicht sei nur zur Benachteiligung von Herrn S. erfolgt, kommt **nicht überraschend**. Man hätte schon beim Erbverzicht daran denken müssen. So zB hätte der Sohn schon damals (mit dem Entgelt des Vaters für den Verzicht) dem Herrn S. die € 18.000,– am besten zurückzahlen sollen. Es hätte auch eine **Absicherung des Voraus-Wohnrechts** für Frau J. etwa im Grundbuch – ähnlich wie im Fall zuvor bei Frau Gabriele X. – **damals** schon stattfinden können und müssen.

Der besondere SCHUTZ des Voraus-Wohnrechts

271 Der Fall der armen Frau J. scheint auch ein Ausnahmefall. Denn das Voraus-Wohnrecht genießt doch einen **besonderen Schutz**: Wenn zB ein Kind das Haus erbt, das Ehewohnung war, dann einzelne Räume des Hauses auch selbst bewohnen will und **bei Gericht beantragt**, dass ihm einzelne Räume der Ehewohnung **zur Benützung** zugesprochen werden und der

überlebende Ehepartner diese Räume dann eben nicht mehr benützen darf, braucht sich der Ehepartner keine Sorgen zu machen. Das Kind wird mit dem Antrag bei Gericht **keinen Erfolg** haben.

Erben **mehrere** Kinder des verstorbenen Ehepartners je- 272
nes Grundstück, auf dem das als Ehewohnung benützte Einfamilienhaus steht, und wollen sie das Grundstück mit einer **Teilungsklage** versteigern, kann das **Wohnrecht** des überlebenden Ehepartners – vor allem wenn er schon älter ist – die Teilungsklage **verhindern.** In vielen Fällen genießt das Voraus-Wohnrecht also sehr wohl Schutz.

Das Vorausvermächtnis für den LEBENSGEFÄHRTEN

Auch der Lebensgefährte soll **seit 1.1.2017** so ein Vorausver- 273
mächtnis haben wie der Ehepartner. Der Lebensgefährte muss mit dem Verstorbenen in den letzten 3 Jahren vor dessen Tod im gemeinsamen Haushalt gelebt haben. **Nur**: Der Gesetzgeber hat das Recht des Lebensgefährten auf 1 Jahr beschränkt. Nur **1 Jahr ab dem Tod** des Verstorbenen darf der Lebensgefährte in der vormals gemeinsamen Wohnung bleiben und die Einrichtungssachen nutzen. Dann muss er ausziehen und die Sachen zurücklassen. Das Vorausvermächtnis für den Lebensgefährten ist also nur eine **Überbrückung** bis er eine neue Wohnung gefunden hat.

Wenn der Lebensgefährte aus **wichtigen Gründen** in den 274
letzten 3 Jahren vor dem Tod des Verstorbenen mit diesem **nicht im gemeinsamen Haushalt** gelebt hat, kann der Lebensgefährte zwar – wenn sonst keine nahen oder entfernteren Verwandten des Verstorbenen erben – nach dem Gesetz trotzdem „letzter“ **gesetzlicher Erbe** sein (siehe dazu Kapitel 1

Rz 20ff). Nicht so beim Vorausvermächtnis: Der Lebensgefährte hat **kein** Vorausvermächtnis, wenn er in den letzten 3 Jahren vor dem Tod des Verstorbenen aus wichtigen Gründen nicht in der Lebensgefährten-Wohnung gewohnt hat. Das ist auch verständlich: Denn warum soll ein Lebensgefährte nach dem Tod seines Partners eine Überbrückung in einer Wohnung haben, die er zu Lebzeiten seines Partners gar nicht bewohnt hat?

275 Das Recht des Lebensgefährten hat zwar **Vorrang** vor allen anderen Vermächtnissen. Sogar gegenüber den Pflichtteilsberechtigten soll der Lebensgefährte damit Vorrang haben. **Nur:** Der Vorrang dauert gerade einmal **1 Jahr**. Dann ist das Vorausvermächtnis für den Lebensgefährten ja auch schon wieder zu Ende. Demgegenüber dürfen die Pflichtteilsberechtigten ihren Anspruch – wenn sie Geld zu bekommen haben – ohnedies erst frühestens 1 Jahr nach dem Tod geltend machen (siehe Rz 214). Zu einem Zeitpunkt also, wenn es das Vorausvermächtnis für den Lebensgefährten ohnedies nicht mehr gibt. Weit ist es mit dem Vorrang für das Vorausvermächtnis des Lebensgefährten also nicht her.

276 Der Lebensgefährte fällt auch dann um seine Rechte aus dem Vorausvermächtnis um, wenn der Verstorbene in seinem Testament die Wohnung und/oder die Einrichtungssachen **einem anderen** als Erben **zugedacht** hat. Es braucht dafür nicht einmal einen besonderen Grund, warum dem Lebensgefährten das Vorausvermächtnis nicht zukommen soll. Wenn der Verstorbene in seinem Testament so verfügt hat, hat der Lebensgefährte das Nachsehen.

277 Es bleibt für den Lebensgefährten dann vielleicht nur noch das Pflegevermächtnis.

Fall 11a
Der Lohn der Pflege - Vorsicht: Beweisprobleme

„Der Vater würde sich im Grabe umdrehen." So beschrieb ein Anwalt, 277a
was sich nach dem Tod des vermögenden Erblassers aus Niederösterreich zwischen dessen vier Kindern abspielte. Weil es kein Testament gab, sollte jedes der Kind ein Viertel des Nachlasses erben. Eine der Töchter, Frau A., behauptete aber, dass der Vater ihr ein lebenslanges Wohnrecht in seinem Haus zugesagt hätte. Als Gegenleistung dafür, dass sie ihn als ausgebildete Krankenschwester pflegt. Schriftlich gab es nichts. Ihre beiden Schwestern und ihr Bruder hielten das für eine Erfindung, bestritten das Wohnrecht und setzten sich vor Gericht durch. Frau A. meint nun, dass sie, wenn sie schon ausziehen muss, wenigsten Geld für die Pflege ihres Vaters bekommen sollte. 66.000,– wollte sie dafür von ihren Geschwistern haben.

Tatsächlich gibt es im Erbrecht seit 2017 etliche neue Regeln, darunter etwa auch ein Pflegevermächtnis, nach dem es für pflegende Angehörige leichter als bisher sein soll, für ihre Leistungen eine Entlohnung zu bekommen. Aber dieses Pflegevermächtnis gilt erst für Todesfälle ab 1.1.2017. Und der Vater der Frau A. ist ja viel früher gestorben.

In der Verhandlung bemühte sich die Richterin um einen Vergleich. Frau A.s Hauptproblem: Sie hätte beweisen müssen, dass der Vater überhaupt pflegebedürftig war. Dazu hatte sie aber keine Unterlagen. Und die Geschwister weigerten sich, den Hausarzt, der das vielleicht bestätigen hätte können, von seiner ärztlichen Schweigepflicht zu entbinden.

Frau A. willigte letztlich in einen Vergleich ein. Sie verzichtet auf all ihre Forderungen, dafür muss sie die Prozesskosten der Geschwister nicht zahlen.

Was ist ein Pflegevermächtnis?

278 Seit **1.1.2017** soll es für pflegende Angehörige **leichter** als zuvor sein, für ihre Pflegeleistungen eine Entlohnung zu bekommen. Wenn sie alle Voraussetzungen erfüllen, wird über das Geld schon bei dem für den Todesfall zuständigen Notar (siehe dazu Kapitel 7 Rz 397ff, 445) gesprochen. Dort soll es nach Möglichkeit zu einer **Einigung** kommen, damit der pflegende Angehörige rasch zu seiner Entlohnung kommt.

Pflegende Angehörige – Wer ist das genau? Wer gehört nicht dazu?

279 **Pflegende Angehörige** können sein: Kinder, Enkel, Urenkel, Eltern, Geschwister, Neffen, Nichten, Tanten, Onkel, Cousins/Cousinen des Verstorbenen. **Kurz**: Alle nahen und entfernteren Verwandten, die nach dem Gesetz Erben wären (siehe Kapitel 1 Rz 14ff) gehören dazu. Ebenso: Der Ehepartner und Lebensgefährte und der eingetragene Partner des Verstorbenen, wie auch Ehepartner, Lebensgefährte und eingetragener Partner und Kinder der zuvor genannten Verwandten. Und die Kinder des Lebensgefährten des Verstorbenen. **Nicht** dazu gehören: zB die Nachbarin, ein bloßer Freund, die Schwiegereltern.

Pflege – Wann gibt es das Vermächtnis?

280 Ein Pflegevermächtnis bekommt nur, wer als Angehöriger lt Rz 279 dem pflegebedürftigen Verstorbenen in den letzten **drei Jahren** vor dessen Tod **6 Monate lang** in nicht unerheblichem Ausmaß geholfen hat – zB beim Anziehen, Waschen, Essen, im Haushalt, bei Arztterminen, beim Einkaufen usw – und dafür kein Geld bekommen hat.

280a Wie kann die Pflege **nachgewiesen** werden? Wenn der Verstorbene **Pflegegeld** bezogen hat, ist es einfach: Denn in diesem Fall gibt es ein **Pflegegeld-Gutachten**. In diesem wird von einem Arzt der **Zeitaufwand** festgehalten, der notwendig ist, um dem Betroffenen beim Anziehen, Waschen, Essen, im Haushalt usw zu helfen. Nach der Anzahl der Stunden richtet sich die Höhe des Pflegegeldes. Damit steht der Pflegebedarf fest. Dann sollte der pflegende Angehörige über seine Hilfeleistungen für den Betroffen nur noch eine Art „Tagebuch" führen, also Datum, Dauer und Art der Hilfeleistung laufend festhalten. Frau A. hätte also im Fall 11a (Rz 277a) ihre Leistungen im Einzelnen „mitschreiben" müssen. Zur Frage, ob der Vater pflegebedürftig war, würden seit 1.1.2017 vom dann zuständigen Notar die Pflegegeldunterlagen beingeschafft werden (dazu im Kapitel 7 Rz 445). Heute hätten die Geschwister der Frau A. also keine Möglichkeit mehr, die Einsicht in diese Unterlagen zu verhindern.

Wenn der Betroffene **kein Pflegegeld** bezieht, muss die Pflege – um ein Pflegevermächtnis verlangen zu können – zumindest *„in nicht unerheblichem Ausmaß"* erfolgt sein. Wieviel das genau ist, ist unklar. Aber mindestens 65 Stunden im Monat sollten es wohl schon sein. **280b**

Wenn der Betroffene dem pflegenden Angehörigen das **Pflegegeld überlässt**, kann sich dennoch ein **restlicher** Anspruch auf das Pflegevermächtnis ergeben. Der sich aus dem Pflegegeld ergebende „Stundensatz" für die Hilfeleistungen liegt nämlich im Regelfall unter dem von den Gerichten aktuell erkannten Stundensatz für das Pflegevermächtnis von € 10,– bis € 14,– pro Stunde, und zwar je nach Schwere der notwendigen Hilfe. **280c**

Fall 11b
Enttäuschte Erwartungen - Die Hoffnung stirbt zuletzt

281 Im Februar 2016 steht die fast blinde Frau Anna vor einem Grab und weint, weil sie ihren „Hasi" so vermisst. Beim Verstorbenen handelt es sich um Herrn Professor O., einen renommierten Professor, Ex-Leiter eines Instituts an der Universität Salzburg. Frau Anna bezeichnet ihren guten Freund als hochsensibles Genie, der Herr Professor hätte viele Fremdsprachen fließend gesprochen und Gedichte geschrieben. Aber er war ein Schwerstalkoholiker und Frau Anna hätte ihn immer wieder in volltrunkenem Zustand auflesen und ausnüchtern müssen.

Jahrelang hätte sie sich trotz ihrer Sehbehinderung aufopfernd um ihn gekümmert, doch dann brach die Beziehung ab: Herr Professor O. lernte über das Internet eine Frau kennen und heiratete sie. Sechs Monate später starb er und die Witwe erbte 6 Millionen Euro. Frau Anna glaubte nicht an die große Liebe zwischen den beiden und findet, dass 6 Millionen Euro für 6 Monate Betreuung zu viel sind. Sie fordert Geld für die jahrelange Pflege ihres „Hasi".

Denn Herr Professor O. hätte ihr für die Betreuung in Summe über € 350.000,– versprochen. In einem Testament, in Lebensversicherungen. Auch seine Autos hätte sie bekommen sollen. € 60.000,– hat Frau Anna für die Pflege eingeklagt. Beklagt ist der tote Professor O., seine Witwe führt den Prozess an seiner Stelle fort.

Die Gegenseite argumentiert in einem Einspruch: „Es sei keine Bezahlung vereinbart gewesen", und „die blinde Frau Anna sei gar nicht in der Lage gewesen, Betreuungsdienste für Herrn Professor O. zu erbringen", und „das der Frau Anna angeblich in Aussicht gestellte Geld sei außer jeder Relation zu den Pflegeleistungen gestanden".

Diverse Zeugen wurden im Prozess stundenlang befragt, was Frau Anna tatsächlich für Herrn Professor O. getan hat.

Dann kann man sich zu einem Vergleich durchringen. Sie bekommt € 52.500,–.

Geld für Pflegeleistungen nach dem Tod des Gepflegten?

Frau Anna hat den verstorbenen Herrn Professor offenbar **in der Erwartung** umsorgt und gepflegt, sie würde für ihre Dienste dereinst nach dem Tod ihres „Hasi" aus seinem Nachlass etwas erhalten. Weil diese Erwartung von Anna dem Herrn Professor offenbar auch **erkennbar** war, hat Anna das in Aussicht gestellte Geld eingeklagt, als sie nach dem Tod von „Hasi" feststellen musste, dass sie leer ausgegangen ist, sich ihre Erwartungen also nicht erfüllt hatten. 282

Wäre der Prozess nicht verglichen worden, wäre es für Anna darum gegangen, dem Richter alle ihre geleisteten Dienste auch **nachzuweisen**. Vor allem aber hätte sie beweisen müssen, dass der Professor diese Dienste im Wissen in Anspruch genommen hat, dass Anna dafür erwartet, aus seinem Nachlass entlohnt zu werden. So ein Beweis ist nur sehr schwer zu erbringen. Der Beweis dürfte Anna aber beinahe gelungen sein. Denn sonst wäre die Gegenseite wohl nicht bereit gewesen, mit dem Vergleich an Anna fast den gesamten Klagsbetrag zu zahlen. 283

Neue Rechtslage bei Todesfällen ab 1.1.2017

Wäre „Hasi" erst 2017 verstorben, hätte es Frau Anna nicht unbedingt leichter gehabt: 284

Nach der neuen Rechtslage erhalten zwar bestimmte Angehörige, wenn sie den Verstorbenen in den letzten drei Jahren vor seinem Tod 6 Monate lang in nicht unerheblichem Ausmaß gepflegt haben, das sogenannte **Pflegevermächtnis** (Rz 278ff). **Nur**: Frau Anna hat nicht zu den privilegierten **Angehörigen** gehört. Das Pflegevermächtnis erhalten nämlich nur die nahen und entfernteren Verwandten (Rz 279).

Wie kommt man zum Pflegevermächtnis?

285 Wenn **alle** Voraussetzungen erfüllt sind – ein Angehöriger des Verstorbenen diesen in den letzten 3 Jahren vor dessen Tod 6 Monate lang mehr als 65 Stunden pro Monat gepflegt hat – und wenn mit dem Verstorbenen **kein Entgelt** für die Pflege **vereinbart** war und die Pflegeperson auch nicht im Testament des Verstorbenen für ihre Leistungen etwas zugedacht erhalten hat: Dann muss der Notar, der für den Verstorbenen zuständig ist, einmal alle **Unterlagen** beischaffen, die es zB zum Pflegegeld des Verstorbenen gibt. Dann sollen sich die Pflegeperson und die Erben nach Möglichkeit beim Notar **einigen**. Gelingt die Einigung nicht – weigern sich also die Erben, das Pflegevermächtnis zu zahlen –, bleibt der Pflegeperson wieder nur die Klage. So wie schon nach alter Rechtslage bis 31.12.2016.

5. Entzug/Minderung des Pflichtteils – Enterbung, Erbunwürdigkeit

Wünschen Sie sich, dass **bestimmte Angehörige** von Ihnen gar **nichts erben** sollen? Sollen diese Angehörige nur von der **gesetzlichen Erbfolge** ausgeschlossen sein? Das wird erreicht, wenn Sie ein Testament machen und einen Testamentserben bestimmen. Die „ungeliebten“ Angehörigen haben dann nur Pflichtteilsansprüche. Oder wollen Sie diese Angehörigen auch vom sogenannten **Pflichtteil** ausschließen? 286

Das ist in Österreich **nicht so einfach**: Der Pflichtteil ist der vom Gesetz dem Ehepartner und den Kindern zugedachte Mindestanteil am Wert der Verlassenschaft. Diesen Mindestanteil müssen die Angehörigen **zwingend** bekommen (siehe dazu schon oben im Kapitel „Pflichtteil“ Rz 196ff). 287

Sich auch diesen Pflichtteil zu ersparen und unliebsamen Angehörigen nicht einmal diesen Mindestanteil zuzugestehen – den Angehörigen den Pflichtteil zu entziehen, sie also zu **enterben** –, das ist **nur** unter **ganz bestimmten Voraussetzungen** möglich und sinnvoll. 288

Wann ist eine ENTERBUNG möglich (und sinnvoll)?

289 Um einem nahen Angehörigen den Pflichtteil zu entziehen, um ihn also wirksam zu enterben, muss in einem formgültigen **Testament** die Enterbung zuerst einmal **angeordnet** werden. Das geschieht zB durch die **Formulierung** *„Meinem Sohn Felix, geboren am (Datum), entziehe ich den Pflichtteil"* oder *„Meine Ehefrau, Sabine, geboren am (Datum), enterbe ich hiermit"*.

290 Aber **ACHTUNG**: Wenn der Sohn Felix bereits Kinder hat, „**nützt**" die Enterbung **nichts**. Denn dann erhält zwar – wenn die Enterbung wirksam ist – der Sohn Felix keinen Pflichtteil. Also tatsächlich NICHTS. Nur **seit 1.1.2017** gilt: Die Kinder von Felix „rücken" nach. Die Enkelkinder (Kinder des Enterbten) erhalten dann (gemeinsam) jenen Pflichtteil, der dem Sohn Felix durch Enterbung entzogen worden ist. Der Testamentserbe hat also seit 1.1.2017 keinen Vorteil aus der Enterbung des Sohnes Felix. Dasselbe gilt, wenn der enterbte Sohn Felix zwar selbst keine Kinder, aber Geschwister hat. Seit 1.1.2017 „rücken" diese nach. **Kurzum**: Ob die Anordnung einer Enterbung im Testament **sinnvoll** ist, will **gut überlegt** sein.

291 Eine Enterbung ist **nur wirksam**, wenn es auch **schwerwiegende Gründe** für die Enterbung gibt. Die Gründe müssen im Testament nicht genannt werden. Sie müssen aber zu dem Zeitpunkt, da das Testament gemacht wird, bereits vorliegen, sie müssen für die Enterbung **ursächlich** sein. **Ganz wichtig**: Der **Testamentserbe** sollte die Gründe für die Enterbung des Angehörigen **kennen**. Denn **er** muss – wenn der Enterbte entgegen der Anordnung dann doch seinen Pflichtteil ausbezahlt verlangt – beweisen, dass die Enterbung berechtigt ist. Der Testamentserbe muss den **Grund** für die Enterbung dann im Einzelnen **nachweisen**.

Welche GRÜNDE für eine Enterbung gibt es?

Das Gesetz hat Enterbungen bis 31.12.2016 nicht gerade einfach gemacht. Es haben nur **ganz wenige Gründe** erlaubt, einem nahen Angehörigen auch den Pflichtteil zu entziehen. Die Gründe sind von den Gerichten **nicht oft** als gegeben angenommen worden. Es mussten schon besonders vorwerfbare und **schwere** Verfehlungen sein. Die in Familien mitunter **üblichen Unfreundlichkeiten** gegeneinander, ja selbst geringfügige Tätlichkeiten oder kleinere Diebstähle in der Familie haben im Regelfall **nicht** ausgereicht, dass Gerichte eine angeordnete Enterbung auch als wirksam anerkannt haben. 292

Seit 1.1.2017 sind die Gründe, die vorliegen müssen, um Kinder oder den Ehepartner zu enterben, **erweitert** worden: Enterbt werden kann ein Pflichtteilsberechtigter nun einfacher. 293

Enterbt werden kann, **wer**

- gegen den Verstorbenen **vorsätzlich** eine **gerichtlich strafbare** Handlung begangen hat, die mit mehr als einjähriger Freiheitsstrafe bedroht ist (eine Verurteilung braucht es nicht),
- gegen den Ehepartner, Lebensgefährten oder gegen Kinder/Enkel oder gegen die Geschwister des Verstorbenen und deren Kinder, Ehepartner, oder Lebensgefährten sowie gegen die Stiefkinder des Verstorbenen vorsätzlich eine **gerichtlich strafbare** Handlung begangen hat, die mit mehr als einjähriger Freiheitsstrafe bedroht ist (eine Verurteilung braucht es auch hier nicht),
- **absichtlich** alles **versucht** hat damit der wahre **letzte Willen** des Verstorbenen nicht verwirklicht wird, oder wer die Verwirklichung des letzten Willens tatsächlich absichtlich vereitelt hat (wer also zB ein Testament gefälscht oder unterdrückt hat),

- dem Verstorbenen auf **verwerfliche** Weise **schweres seelisches Leid** zugefügt hat (also zB den Verstorbenen wiederholt grob beschimpft oder einem dauernden Psycho-Terror ausgesetzt hat),
- sonst seine **Pflichten** als Kind oder Ehepartner gegenüber dem Verstorbenen **gröblich vernachlässigt** hat (also zB grundlos über längere Zeit den Kontakt abgelehnt hat), oder wer
- wegen einer oder mehrerer vorsätzlich begangener strafbarer Handlungen zu einer lebenslangen oder zwanzigjährigen Freiheitsstrafe **verurteilt** worden ist (also zB den Verstorbenen ermordet hat).

294 Die **Enterbung** sollte im Testament ausdrücklich angeordnet sein. Sie kann zwar auch stillschweigend erfolgen durch Übergehen. Das bürdet dem Testamentserben aber noch mehr an Beweislast auf. Wenn ein Enterbungsgrund gegeben und eine Enterbung **wirksam** ist, **erhält** der enterbte Angehörige buchstäblich wirklich **nichts**: Keinen gesetzlichen Erbteil, keinen Pflichtteil und kein Vorausvermächtnis. Nicht einmal ein Pflegevermächtnis (vgl aber zu den nachrückenden Enkeln, Geschwistern Rz 290).

Wie kommt es zur ERBUNWÜRDIGKEIT?

295 Wenn es dem Testamentserben nicht gelingt, nachzuweisen, dass ein schwerwiegender Enterbungsgrund vorliegt, oder wenn im Testament eine Enterbung gar nicht angeordnet worden ist, so kann es doch mitunter dazu kommen, dass ein Angehöriger nicht einmal den Pflichtteil bekommt. Dann nämlich, wenn er erbunwürdig ist.

296 In diesen Fällen hat sich der Angehörige gegenüber dem Verstorbenen oder auch gegenüber dessen letztem Willen **so we-**

nig anständig verhalten, dass er selbst als Pflichtteilsberechtigter aus der Verlassenschaft nichts erhalten soll.

WARUM wird jemand erbunwürdig?

Seit 1.1.2017 ist erbunwürdig, **wer** 297

- gegen den Verstorbenen oder die Verlassenschaft **vorsätzlich** eine **gerichtlich strafbare** Handlung gesetzt hat, die mit mehr als **einjähriger** Freiheitsstrafe bedroht ist (wer also zB dem Verstorbenen eine schwere Körperverletzung zugefügt hat, oder eigenmächtig Sachen des Verstorbenen nach dessen Tod an sich genommen hat, um sich zu bereichern),
- **absichtlich** alles versucht hat, dass der wahre letzte Willen des Verstorbenen nicht verwirklicht wird, oder dessen letzten Willen tatsächlich absichtlich **vereitelt** hat (etwa indem er den Verstorbenen zur Erklärung des letzten Willens gezwungen oder arglistig verleitet hat, oder indem er den Verstorbenen an der Erklärung oder Änderung seines letzten Willens gehindert oder einen bereits errichteten letzten Willen unterdrückt hat),
- gegen den Ehepartner oder Lebensgefährten des Verstorbenen oder gegen dessen Kinder (Enkel) **vorsätzlich** eine **gerichtlich strafbare** Handlung begangen hat, die mit mehr als einjähriger Freiheitsstrafe bedroht ist, wenn der Verstorbene zu einer Enterbung nicht mehr in der Lage war,
- dem Verstorbenen in **verwerflicher** Weise **schweres seelisches Leid** zugefügt hat, wenn der Verstorbene zu einer Enterbung nicht mehr in der Lage war, oder wer
- seine aus dem Rechtsverhältnis zwischen **Eltern und Kindern** sich ergebenden Pflichten (zB Unterhalt, Obsorge) dem Verstorbenen gegenüber **gröblich vernach-**

lässigt hat, wenn der Verstorbene zu einer Enterbung nicht mehr in der Lage war.

298 Die **Erbunwürdigkeit** wirkt dann immer quasi **automatisch**. Denn der Verstorbene hätte bei Kenntnis dieser Umstände den Angehörigen vom Erbrecht ausgeschlossen. Die Erbunwürdigkeit kann noch zu Lebzeiten beseitigt werden, wenn der Verstorbene dem Erbunwürdigen noch zu Lebzeiten **verziehen** hat. Das kann ganz formlos (auch durch ein Verhalten) geschehen. Die Enterbung muss hingegen im Regelfall in der entsprechenden Testamentsform widerrufen werden.

299 Wer erbunwürdig ist, kann **nicht gesetzlicher Erbe** sein, erhält **keinen Pflichtteil** und auch **kein Vermächtnis.**

Fall 11c
Besonderes zum Begräbnis - Nicht alles macht erbunwürdig

300 Sebastian T. junior aus Niederösterreich ist der einzige Sohn des im März 2016 im Alter von 96 Jahren verstorbenen Sebastian T. senior. Zwei Mal war der Vater verheiratet, zuletzt lebte er mit der 45 Jahre jüngeren Tanja M. zusammen. Mit der Frau, auf die Sebastian T. junior früher auch schon ein Auge geworfen hatte. Doch Sebastian T. senior war seinem Sohn zuvorgekommen und hatte seine junge Freundin testamentarisch zu seiner Alleinerbin gemacht. Für den Sohn blieb nur der Pflichtteil übrig.

Doch Tanja M. will ihm auch den Pflichtteil nicht geben. Sie sagt, Sebastian T. junior sei erbunwürdig. Aber warum?

Der Verstorbene hätte gewollt, dass bei seinem kirchlichen Begräbnis das Kreuz mit seiner alten Trainingsjacke abgedeckt werden solle. Außerdem dürfe ja kein Gebet am Grab gesprochen werden. Beide Wünsche hätte der Sohn nicht erfüllt.

Und noch mehr: Der verstorbene Wieselburger hatte sich viele Dosen der gleichnamigen Brauerei als Dekoration in der Aufbahrungshalle gewünscht. Auch dem wurde nicht entsprochen. Deshalb meint Tanja M.: Ein klarer Fall von Erbunwürdigkeit.

Sebastian T. junior kämpfte um seinen Pflichtteil und bekam vor Gericht Recht. Keine Erbunwürdigkeit.

Wäre der Fall anders ausgegangen, wäre Sebastian T. erst 2017 verstorben?

Nein. Auch wenn die Gründe für eine Erbunwürdigkeit seit 1.1.2017 gegenüber früher nun weiter gefasst sind: Nichts von dem, was Tanja M. dem Sohn vorwirft, macht diesen erbunwürdig. 301

Wenn ein naher Angehöriger im Testament des Verstorbenen gar nicht erwähnt wird, liegt oft der Verdacht nahe: Der betreffende Angehörige sollte – weil er sich nicht um den Verstorbenen gekümmert hat – nichts erben: 302

Fall 12
Tierschutz vor Tochter? - Wenn Angehörige nichts erben sollen

Neben den Testamenten, wo jemand festlegt, wer aus der Familie was bekommen soll, gibt es auch die letztwilligen Verfügungen, wo jemand hineinschreibt, welcher nahe Verwandte akkurat nichts bekommen soll. Obwohl er sogar pflichtteilsberechtigt wäre. Tatsächlich kann ein Vater etwa seine Kinder enterben, wenn sie sich ihm gegenüber sehr schlecht benommen haben.

Was genau aber ein Erbunwürdigkeitsgrund gewesen sein soll, ist im Einzelfall dann sehr umstritten. Frau G. kämpfte gegen so ein Testament ihres Vaters, und gegen den darin großzügig bedachten Tierschutzverein. Die Menschen seien bei ihrem Vater eher an zweiter Stelle gekommen, sagte Frau G. Tiere wären ihm wichtiger gewesen.

Trotzdem wäre sie immer für ihn da gewesen, wenn er sie gebraucht hat. Er hätte also keinen Grund gehabt, sich über sie zu beschweren, geschweige denn, sie zu enterben.

Beim Tierschutzverein war man auf Herrn G. aufmerksam geworden, weil er einmal € 100.00,– gespendet hatte und noch mehr geben wollte. Die Angestellten waren ihm dabei behilflich und so hatte sich eine freundschaftliche Beziehung entwickelt.

Frau G. klagte mit ihrem Anwalt ihren Pflichtteil und die Hälfte jener Spende ein, die ihr Vater dem Tierschutzverein zu Lebzeiten vererbt hat. Alles in allem € 220.000,–, die man vom Tierschutzverein wollte. Begründung: Ein Enterbungsgrund liege schlicht und einfach nicht vor. Frau G. hätte den Vater nicht in der Not im Stich gelassen. Vor Gericht versuchte man mit allen möglichen Zeugen herauszufinden, wie die Beziehung zwischen Vater und Tochter wirklich gewesen ist.

Schlussendlich bot der Tierschutzverein die Zahlung einer namhaften Summe an. Der Prozess endete mit einem Vergleich.

Familienfremde als Testamentserben

303 Es kommt in der Praxis gar nicht so selten vor, dass in Testamenten die **nächsten Angehörigen** nicht erwähnt werden oder ausdrücklich *„nichts erben"* sollen, während **Familienfremde**, die dem Testamentserrichter nahestehen, als **Testamentserben** bestimmt werden. So kann es dazu kommen, dass sich Vereinigungen wie zB der Tierschutzverein, das Rote Kreuz, die Caritas, Ärzte ohne Grenzen, Kinderspitäler oder Religionsgemeinschaften mit den Hinterbliebenen des Verstorbenen um das Erbe streiten (müssen).

304 Familienfremde werden im Testament als Erben bestimmt, wenn sich der Testamentserrichter zB von Familienfremden **besser verstanden** oder besser **versorgt fühlt**, und sich dankbar erweisen will. Mitunter will er seine Angehörigen, die sich

seiner Meinung nach nicht ausreichend um ihn gekümmert haben, damit auch „*bestrafen*".

Dass nahe Angehörige **buchstäblich nichts** bekommen, also wirklich leer ausgehen, kommt in der Praxis eher **selten** vor. Sie haben im Regelfall zumindest den **Pflichtteil**, also Anspruch auf einen Mindestanteil am Wert des Nachlasses (Rz 196ff). Nur dann, wenn sich Angehörige gegenüber dem Verstorbenen schwerwiegender Verfehlungen schuldig gemacht haben (Rz 292), gehen sie wirklich leer aus. Denn dann gelten sie als enterbt bzw erbunwürdig (siehe dazu Rz 295f). 305

Freilich: Dem Testamentserben gelingt oft nur **schwer** der **Nachweis, dass** die Angehörigen als enterbt oder als erbunwürdig gelten sollen. So wie es im konkreten Fall dem Tierschutzverein nicht gelungen ist, nachzuweisen, dass Herr G. seine Tochter wirklich buchstäblich leer ausgehen hatte lassen wollen. Denn auch wenn der Vater den Tierschutzverein zum Erben macht, würde seine Tochter – die sonst nach dem Gesetz Alleinerbin wäre – **immer noch** den **Pflichtteil** erhalten müssen. Der Tierschutzverein hätte ihr die **Hälfte** des vom Verstorbenen Ererbten in Geld auszahlen müssen. Wohl deshalb hat der Tierschutzverein versucht, der Tochter eine Erbunwürdigkeit nachzuweisen, um sich diese Zahlung zu ersparen. 306

Wenn sich Angehörige nicht kümmern

Der häufigste Grund für den Wunsch von Testamentserrichtern, dass ihre Angehörigen nichts bekommen sollen, ist, dass sich die Testamentserrichter von ihren Angehörigen **im Stich gelassen fühlen**. Es geht dabei gar nicht so oft um materielle Hilfe, die von Angehörigen in einer wirtschaftlichen Notlage erwartet wird. Es geht sehr viel häufiger um seelischen Beistand in schwierigen Lebenssituationen. Um Anteilnahme, Zuwendung und Aufmerksamkeit, die der Testamentserrichter von 307 seinen Angehörigen erwartet, oft aber (wohl mitunter auch nur vermeintlich) vermisst.

308 In den meisten Fällen hat diese – zwischen Angehörigen und dem Testamentserrichter mitunter zu beobachtende – Gleichgültigkeit in der Familie aber (jedenfalls nach der bis 31.12.2016 geltenden Rechtslage) **nicht** ausgereicht, um den Angehörigen wirklich leer ausgehen zu lassen, ihm also auch den **Pflichtteil zu entziehen**. Es konnte zwar ein Angehöriger, der den Verstorbenen in größter seelischer oder materieller Not alleingelassen und ihm nicht geholfen hat, obwohl eine Hilfe möglich und auch zumutbar gewesen wäre, enterbt werden. Doch sind die Gerichte **sehr streng** gewesen, und es ist nur **ganz selten** ein solches Im-Stich-Lassen als so schwerwiegend anerkannt worden, dass der Angehörige nicht einmal den Pflichtteil erhalten hätte. Nach neuer Rechtslage würde bloße Gleichgültigkeit in der Familie auch nicht für eine Enterbung ausreichen.

309 Es hat (jedenfalls nach der bis 31.12.2016 geltenden Rechtslage) zwar auch als erbunwürdig gegolten, wer seine **Pflichten** aus dem Eltern-Kind-Verhältnis gegenüber dem Verstorbenen **sehr schwerwiegend vernachlässigt**. Auch hier sind die Gerichte aber **streng** gewesen. Eine bloße „Gleichgültigkeit" ist im Regelfall nicht als eine grobe Pflichtenvernachlässigung anerkannt worden. Auch nach neuer Rechtslage würden die Gerichte ein solches Verhalten wohl nicht als grobe Pflichtverletzung sehen.

310 Im **konkreten** Fall war der Tierschutzverein wohl **richtig beraten**, der Tochter des Verstorbenen im Rahmen eines Vergleichs eine namhafte Summe als **Zahlung** zu leisten. Denn so gravierend schlecht scheint sich Frau G. gegenüber ihrem Vater nicht verhalten zu haben, dass sie nicht einmal den Pflichtteil zu bekommen gehabt hätte.

Wenn der Angehörige sich merkwürdig sorglos verhält

Die Frage der Erbunwürdigkeit hat auch in dem **früher geschilderten Fall 9** (oben Rz 182) der alten Bäuerin Erna H. eine Rolle gespielt, deren Sohn Josef die deutlich ältere Tanja D. kennen- und liebengelernt hatte und der – nachdem er diese zur Testamentserbin eingesetzt hatte – diesen seltsamen Traktorunfall hatte, bei dem er starb. Der Traktor hatte sich auf einem Hang überschlagen, die Polizei war misstrauisch geworden, war doch die Lebensgefährtin als erste am Unfallort gewesen und hatte den um 18 Jahre jüngeren Bauern tot aufgefunden. Sie erbte den Hof von Josef, nachdem sie zuvor bereits zwei Höfe geerbt hatte. 311

Im geschilderten Fall konnte der Verdacht gegen die Lebensgefährtin nicht erhärtet werden. Wäre es gelungen, der Lebensgefährtin nachzuweisen, dass sie beim verunglückten Bauernsohn statt Hilfe zu leisten, noch etwas nachgeholfen hat, wäre die Lebensgefährtin zweifellos – auch wenn Gerichte nach alter Rechtslage sonst sehr streng gewesen sind – als **erbunwürdig** erkannt worden, sie hätte den Hof **nicht erhalten.** Nach neuer Rechtslage wohl auch nicht. 312

Die Mutter des Verunglückten und dessen Geschwister haben versucht, auch noch einen anderen nach alter Rechtslage erheblichen Umstand ins Treffen zu führen, damit die Lebensgefährtin den Hof nicht erbt. Ihrer Meinung nach hatte die Lebensgefährtin eine **anstößige Lebensweise** geführt, soll diese doch im Gästezimmer eines Wirtshauses **diskrete Herrenbesuche** empfangen haben. Die alte Bäuerin und die Geschwister des Verunglückten konnten dies freilich **nicht beweisen**, weil die **als Zeugen befragten Herren** das alles **entrüstet zurückgewiesen** hatten. 313

314 Wäre der Beweis gelungen, hätte die Lebensgefährtin des Verunglückten wohl nicht den (mittlerweile dritten) Hof geerbt. Nach der neuen Rechtslage ist eine „anstößige Lebensweise" jedenfalls kein Grund mehr, der das Erben verhindert.

Was ist eine PflichtteilsMINDERUNG?

315 Während die Enterbung dazu führt, dass der Angehörige gar keinen Pflichtteil erhält, wird bei der **Minderung** des Pflichtteils der Anspruch auf den Pflichtteil nur **auf die Hälfte „gekürzt**".

316 Nach der bis 31.12.2016 geltenden Rechtslage hat **nur** der Pflichtteil **von Kindern (Enkeln)** oder von **Eltern** auf die Hälfte herabgesetzt werden können, **niemals** der Pflichtteil des Ehepartners. Seit **1.1.2017** kann auch der Pflichtteil des **Ehepartners** auf die Hälfte gemindert werden.

317 Die Pflichtteilsminderung sollte **im Testament ausdrücklich angeordnet** werden, so zB *„Meinem Sohn Felix, geboren am (Datum), mindere ich den Pflichtteil auf die Hälfte*".

WANN ist eine solche Minderung möglich und sinnvoll?

318 Die im Testament angeordnete Minderung war nach der **bis 31.12.2016** gültigen Rechtslage nur wirksam, wenn zwischen dem Verstorbenen und dem Kind (oder Elternteil) **zu keiner Zeit ein Naheverhältnis** bestanden hat, wie es in der Familie zwischen solchen Verwandten gewöhnlich besteht.

319 Seit **1.1.2017** ist das gelockert worden: Eine Minderung ist auch wirksam, wenn **über einen längeren Zeitraum** vor dem Tod des Verstorbenen ein solches Naheverhältnis nicht bestanden hat. Freilich: **Wie lange** ein solcher „längerer Zeitraum" **kon-**

kret gedauert haben muss, sagt uns das neue Gesetz nicht. 5 Jahre? 20 Jahre? Die Gerichte sagen, es kommt auf den Einzelfall an. In einem bereits entschiedenen Fall ist tatsächlich verlangt worden, dass dieser „längere Zeitraum" 20 Jahre gewesen sein muss. Aber **ACHTUNG**: Auch eine Minderung bringt keinen Vorteil für den Testamentserben, wenn das von der Minderung betroffene Kind bereits Kinder hat oder Geschwister (vergleichbar wie bei der Enterbung siehe unter Rz 290).

Wann besteht ein NAHEVERHÄLTNIS?

Ein Naheverhältnis zwischen Vater und Kind besteht etwa dann, 320
wenn der Vater eine gewisse **Anteilnahme** an der Entwicklung und am Wohlergehen des Kindes erkennen lässt und nicht bloß ein – vom Kind getrennt lebender – reiner „Zahlvater" ist.

Dann, wenn ein solches Naheverhältnis **zu keiner Zeit** bestan- 321
den hat, oder (seit 1.1.2017) über einen **längeren Zeitraum nicht** bestanden hat, kann die Minderung wirksam angeordnet werden. Der Gesetzgeber wollte die Minderung grundsätzlich **nur ausnahmsweise** ermöglichen. So zB für **Kindesväter**, die sich zB noch vor oder unmittelbar nach der Geburt des Kindes von der Kindesmutter getrennt und dann (unverschuldet) nie wieder Kontakt zu ihrem Kind hatten. **Seit 1.1.2017** soll eine Minderung auch schon dann möglich sein, wenn das Familienleben schon längere Zeit vor dem Tod des Verstorbenen geendet hat, also eine **nachhaltige Entfremdung** eingetreten ist.

Freilich: Wenn sich das **Kind** um regelmäßige Zusammen- 322
treffen mit dem Vater bemüht hat und der **Vater** den Kontakt **grundlos abgelehnt** hat, darf der Vater im Testament **keine Pflichtteilsminderung** zu Lasten des Kindes anordnen. Denn dann hat der Vater selbst ohne jeden Grund dafür gesorgt, dass es zwischen ihm und dem Kind zu keinem Naheverhältnis ge-

kommen ist. Dafür soll er nicht auch noch „belohnt" werden. Er soll seinem Kind den Pflichtteil dann nicht auch noch halbieren dürfen. Wer also ohne Grund für eine Entfremdung gesorgt hat, soll den Pflichtteil auch nicht auf die Hälfte mindern dürfen.

323 **Nicht selten kommen in der Praxis Fälle vor, die sehr viele im Erbrecht wichtige Fragen gleichzeitig betreffen:**

Fall 13

Ein Fall als Reise quer durch das Erbrecht

324 Die Ehe zwischen dem vermögenden Unternehmer Walter S. und seiner Gattin Herta war anno 2003 am Ende. Man war 25 Jahre verheiratet gewesen, der gemeinsame Sohn Martin aus der Ehe erwachsen, und der 51-jährige Herr S. hatte neuerdings eine junge Freundin. Die Ehegatten sprachen von Scheidung. Und dann kam es eines Abends zum mysteriösen Showdown in der Villa des Ehepaares in – Makler würden sagen – Bestlage.

Frau S. schilderte die Ereignisse so: Sie hätte mit ihrem Mann im Wohnzimmer gestritten, der hätte sie körperlich attackiert und verletzt. Sie hätte zu ihm gesagt, jetzt sei er, was die Scheidung betrifft, erledigt. Gleich würde sie via Alarmknopf die Polizei rufen, und dann sei unübersehbar, was er mit ihr angestellt habe. Der rasende Mann hätte daraufhin zu einer Schusswaffe gegriffen, auf sie geschossen, sie aber verfehlt. Dann müsse der Gatte der Meinung gewesen sein, er hätte einen Mord begangen, sei ins WC gegangen, hätte sich dort in den Kopf geschossen und sei an Ort und Stelle gestorben.

Der Anwalt des Herrn S., ein berühmter Anwalt, wollte diese Version nicht glauben, und erstattete Anzeige gegen Frau S. Er ist bis heute überzeugt, dass sie seinen Mandanten ermordet hat. Dem Strafgericht war die Suppe aber zu dünn, und das Strafverfahren wurde eingestellt.

Aber Frau S. musste noch lange um das 15-Millionen-Euro-Erbe nach ihrem Mann kämpfen. Denn die Geliebte, Katrin A., behauptete, Herr

S. hätte im Jahr 2002, kurz vor seinem Tod, ein mündliches Testament zu ihren Gunsten gemacht. Und damit würde der Gattin und dem Sohn von Herrn S. nur mehr der Pflichtteil zustehen.

Herr S. soll in einem Kaffeehaus vor Frau U. und drei Zeugen, Frau X., Herrn Y. und Herrn Z., gesagt haben: „Alles, was ich besitze, vererbe ich Katrin", und auf Befragen der Zeugen hätte er geantwortet: „Ja, das ist jetzt ein Testament." Außerdem hätte er erzählt, dass ihm die Gattin nach dem Leben trachtete und er das Ganze deswegen auch noch schriftlich bei seinem Anwalt hinterlegen werde.

Die drei Zeugen wurden ausführlich verhört, und dabei kam zutage, dass sie sich offenbar bei einem Rechtsanwalt abgesprochen hatten, was vor Gericht zu sagen sei. Das war schlecht für ihre Glaubwürdigkeit. Und aus ihren Aussagen ergab sich für das Gericht, dass Herr S. ihnen nur mitteilen hätte wollen, dass er die Absicht habe, Katrin A. demnächst als Erbin einzusetzen. Die Zeugin X. gab dazu an: „Er sagte auch, er wolle dies in den nächsten Tagen in die Wege leiten."

Die Gerichte entschieden, bis hinauf zum OGH, dass Herrn S. die für die Gültigkeit eines Testaments erforderliche Testierabsicht gefehlt habe.

Die Gattin Herta erbte ein Drittel, der Sohn Martin zwei Drittel des großen Vermögens. Und der Rechtsanwalt des Verstorbenen hegt bis heute den Verdacht, dass hier ein perfekter Mord gelungen sein könnte.

Erfreulicher Nebeneffekt für Frau S.: Die Rivalin, Katrin A., musste die Prozesskosten bezahlen und war danach so gut wie ruiniert.

Die Ehefrau „beinahe" erbunwürdig

Die Sache ist für Frau S. wirklich **mehrfach glücklich verlaufen**: Hätte das **Strafverfahren** ergeben, dass Frau S. für die mysteriösen Umstände des Todes von Herrn S. doch **mitverantwortlich** ist, wäre Frau S. wegen der Straftat möglicherweise **erbunwürdig** gewesen, hätte also von ihrem Mann auch nach dem Gesetz nichts geerbt (siehe dazu schon oben Rz 297ff). 325

Scheidungsverfahren in der Luft

326 Hätten die Eheleute S. über das **Scheidungsverfahren** nicht bloß gesprochen, wären sie also schon **rechtskräftig** geschieden gewesen, hätte Frau S. – als geschiedene Ehefrau – von ihrem Ex-Mann auch **nichts geerbt** (Rz 80ff). Und wäre das Testament, das Herr S. zugunsten seiner Freundin errichten hatte wollen, dann auch noch gültig gewesen, hätte Frau S. als geschiedene Ehefrau gar **nichts** und ihr Sohn nur den Pflichtteil erhalten.

Testament vor Gesetz

327 Hätte es ein **gültiges Testament** zugunsten der Freundin Katrin A. gegeben – mag es handschriftlich, fremdschriftlich oder mündlich verfasst sein –, wäre die **gesetzliche Erbfolge** damit automatisch **ausgeschaltet** (vgl dazu Rz 93ff). Im konkreten Fall hätten nach dem Gesetz die Ehefrau 1/3 und der Sohn 2/3 des Vermögens von Herrn S. geerbt. Diese im Gesetz vorgesehene Erbfolge wäre **obsolet** gewesen, wäre das mündliche Testament zugunsten der Freundin – das **vor** dem **1.1.2005** vor drei Zeugen erklärt werden hatte können (vgl dazu Rz 125) – nur gültig gewesen. Dann hätten die Witwe und der Sohn jeweils **nur den Pflichtteil** erhalten, also jeweils die **Hälfte** des gesetzlichen Erbteils (die Witwe 1/6, der Sohn 1/3).

Testamentsformen

328 Ein **schriftliches** Testament ist offenbar **nicht aufgefunden** worden. Also erinnerte man sich an die Worte, die Herr S. im Kaffeehaus gesagt hatte. Drei Zeugen hatten das mitangehört, und so schien ein **mündliches** Testament nach den (bis 31. Dezember 2004 noch geltenden) Formvorschriften gültig (vgl dazu Fall 7 Rz 162).

Aber: Für jedes Testament – sei es mündlich oder schriftlich – braucht es neben der richtigen Form auch noch den sogenannten Testierwillen bzw die **Testierabsicht**: Das ist das Bewusstsein, hier und jetzt – mit der mündlichen Erklärung oder mit der Niederschrift – eine letztwillige Anordnung zu treffen (siehe dazu Rz 166). 329

Der Testierwille fehlt zB, wenn gelegentlich **einfach nur so dahingesagt** wird, dass das Vermögen *„ohnedies der X einmal erben wird"*. Oder wenn gesagt wird, dass „di*e X einmal alles erben soll, das wird morgen in die Wege geleitet"*. In solchen Fällen ist erkennbar, dass mit diesen Äußerungen keine verbindliche Anordnung getroffen werden soll, sondern **nur** von einer Absicht **erzählt** wird (vgl dazu auch oben Fall 7 Rz 162). 330

Im Fall hier hat der Testierwille **gefehlt**: Wie im Fall hier hatte Herr S. erst alles *„noch in die Wege leiten"* wollen, womit seine Äußerung im Kaffeehaus eben kein mündliches Testament war, weil Herrn S. dabei die Absicht gefehlt hatte, im Kaffeehaus ein Testament zu erklären. Dann **hilft es nichts**, dass die Formvorschriften für ein mündliches Testament erfüllt wären. Mögen drei Zeugen auch die Äußerung von Herrn M. gehört haben, diese Äußerung ist kein wirksames Testament, weil Herr M. das Verfassen *„noch in die Wege leiten"* hatte wollen. Die neue Rechtslage ab 1.1.2017 hätte daran nichts geändert. Im Gegenteil: Ein mündlich erklärtes Testament könnte nur in einem Notfall erklärt werden (siehe unter Rz 127ff). 331

6. Verschenken statt vererben?

Viele leisten ihren Kindern zu diversen Anlässen **Unterstützung**: Sparbücher, Grundstücke, Wohnungen werden geschenkt, bei Geldnöten der Kinder wird ausgeholfen. 332

Geben mit „warmer Hand“ - Wird das Geschenkte dann beim Erben berücksichtigt?

Oft wird mit der Unterstützung dic **Vorstellung** verbunden, 333
das **Geschenk** würde **dereinst** – wenn der Geschenkgeber verstorben sein wird – ohnedies „automatisch“ **berücksichtigt** werden, wenn es darum geht, den Erbteil des Empfängers zu berechnen.

Beim Erbteil

Nur: Das stimmt so leider **nicht**. Geschenke an Kinder (Enkel) 334
oder auch an die Ehefrau werden – nach alter wie nach neuer Rechtslage seit 1.1.2017 unverändert – dereinst nicht „automatisch“ berücksichtigt. Wenn die **Beschenkten** auch **Erben** sind, muss es in einem **Testament** ausdrücklich **angeordnet**

werden, wenn das Geschenkte **auf den Erbteil angerechnet** werden soll. **Oder** es muss im Schenkungsvertrag mit dem Beschenkten so **vereinbart** sein. Gibt es eine solche Anordnung im Testament oder eine Vereinbarung im Vertrag **nicht** und werden zB drei Kinder des Verstorbenen zu gleichen Teilen Erben, erhält das zu Lebzeiten schon **beschenkte** Kind im Ergebnis **mehr** als die anderen: Es bekommt den **vollen** 1/3-Erbteil am Nachlass, **neben** dem bereits erhaltenen Geschenk.

335 Ist hingegen die Anrechnung des Geschenks im Testament angeordnet, bekommt das beschenkte Kind aus dem Nachlass weniger, nämlich den1/3-Erbteil **abzüglich** des Werts des Geschenks.

Beim Pflichtteil

336 Wenn es aber um den **Pflichtteil** des beschenkten Kindes geht, das Kind also nach dem Testament – weil es schon beschenkt wurde – nichts mehr erben soll, hat nach der **bis 31.12.2016** gültigen Rechtslage **nicht einmal eine Anordnung im Testament** genügt, dass das Geschenk auf den Pflichtteil angerechnet werden muss.

337 Es musste nach der alten Rechtslage vielmehr schon bei der Schenkung mit dem Beschenkten vereinbart werden (am besten schriftlich), dass der Wert des Geschenks dereinst auf den Pflichtteil des Beschenkten angerechnet werden soll. Ohne eine solche Vereinbarung ist das Geschenk nur in seltenen Ausnahmefällen „automatisch“ angerechnet worden, zB wenn es ein Hochzeitsgeschenk ist oder eine Starthilfe zum Berufseinstieg, oder wenn der Geschenkgeber die Schulden des Beschenkten beim Gläubiger bezahlt.

Das gilt nun alles nicht mehr: Nach der **neuen** Rechtslage, also bei allen **Todesfällen seit 1.1.2017**, ist das nun genau **umgekehrt**: Das Geschenk wird jedenfalls **automatisch** auf den Pflichtteil **angerechnet**. Es braucht keine Vereinbarung mehr darüber. Im Gegenteil: Nur dann, wenn das Geschenk nicht auf den Pflichtteil angerechnet werden soll, muss das bei der Schenkung ausdrücklich so vereinbart werden. Oder die Anrechnung der Schenkung wird im Testament erlassen. 338

Kurzum: Wenn Sie **vor 2017** Sachen an Kinder oder den Ehepartner verschenkt haben, sollten Sie **jedenfalls überprüfen** (lassen), ob das im Schenkungsvertrag seinerzeit Vereinbarte jetzt auch noch „passt“. Wenn Sie bei der Schenkung seinerzeit nicht wollten, dass das Geschenk auf den **Pflichtteil** des Beschenkten angerechnet werden soll, sollten Sie nun dringend dafür sorgen, dass die seit 2017 „automatische“ Anrechnung mit einem Vertrag oder Testament ausgeschlossen wird. 339

Verschenken ODER vererben?

Überlegen Sie, das Vermögen oder zumindest Teile davon nicht zu vererben, sondern schon **zu Lebzeiten an die Erben zu übergeben**? Man würde sich das Testament ersparen, es sind schon zu Lebzeiten klare Verhältnisse geschaffen und – so hoffen die meisten – die Beschenkten werden sich als dankbar erweisen. 340

Gerade diese **Erwartung** wird in der Praxis leider mitunter enttäuscht. Beschenkte Erben, die zuvor noch in der Hoffnung, im Testament bedacht zu werden, zu allen möglichen Hilfsdiensten scheinbar gerne bereit waren, erweisen sich nicht selten – sobald sie das Geschenk erhalten haben – als **undankbar**. Nicht nur, dass sie gegenüber dem Wohltäter deutlich hervorkehren, dass sie nun das Sagen haben. Sie lassen mitunter auch den 341

Geschenkgeber spüren, dass er jetzt – wo er das Erbe schon verschenkt hat – Aufmerksamkeit und Hilfeleistung nicht mehr erwarten kann.

342 Gar nicht so selten erweisen sich also Schenkungen – im Nachhinein betrachtet – als Fehler. Dann nämlich, wenn der Geschenkgeber nicht Dank erfährt, sondern Kränkung. **Nur**: Eine Schenkung lässt sich **in den wenigsten Fällen rückgängig** machen. Das sollte **bedacht** werden, wenn Sie erwägen, sich ein Testament zu ersparen und Ihr Vermögen „mit warmer Hand" zu übergeben. Ein Testament können Sie jeden Tag neu schreiben. Eine Schenkung hingegen können Sie – einmal gemacht – kaum noch rückgängig machen.

343 Verschenken statt vererben will also sehr gut überlegt sein. **Fachkundige Beratung ist zu empfehlen.**

WIE kommt eine Schenkung ZUSTANDE?

344 Wenn jemand eine Schenkung macht, geschieht dies zwar allein wegen der **Freigiebigkeit** des Schenkenden. Denn es kann niemand gezwungen werden, etwas herzuschenken. Die Schenkung ist aber doch ein **Vertrag**. Das heißt, es braucht die **Zustimmung des Beschenkten**. Denn es muss sich auch niemand gegen seinen Willen etwas schenken lassen.

345 Wenn nur der Gegenstand, der verschenkt werden soll, **nicht gleich** bei Abschluss des Vertrages **übergeben** wird, muss der Schenkungsvertrag, um gültig zu sein, als schriftlicher Vertrag beim Notar (**Notariatsakt**) verfasst werden. Das soll unüberlegte Schenkungsversprechungen verhindern.

346 Wenn hingegen die Sache schon bei der Schenkung selbst **sofort** tatsächlich **aus der Hand gegeben** wird und der Schen-

ker sofort sieht, dass damit die Sache für ihn sogleich aus seinem Vermögen **verloren** ist, ist die Gefahr von leichtfertigem Schenken viel geringer. Dann braucht es nicht einmal einen schriftlichen Vertrag, dann **gilt** schon das **mündlich Gesagte und die Übergabe** des Geschenks an den Beschenkten. Das gilt vor allem für „bewegliche" Sachen.

Wenn Sie also ein Schmuckstück oder ein Bild oder ein Sparbuch dem Beschenkten zB mit den Worten *„Das schenke ich Dir"* sofort übergeben und der Beschenkte die Sache dankend annimmt, brauchen Sie keinen schriftlichen Vertrag und keinen Notar. Dann ist die Schenkung **mit der Übergabe** an den an Beschenkten **sofort** wirksam. Die Sache ist in dem Moment der Übergabe verschenkt und damit nicht mehr Teil Ihres Vermögens. Wenn das Geschenk hingegen „unbeweglich", also eine Liegenschaft oder Wohnung ist, kommen Sie um Schriftliches nicht herum. Denn für die Eintragung des neuen Eigentümers im Grundbuch braucht es doch eine schriftliche Unterlage, die notariell beglaubigt sein muss. **347**

Kann eine Schenkung RÜCKGÄNGIG gemacht werden?

Nicht selten **bereut** es der Schenkende kurze Zeit oder auch erst Jahre später, die Sache hergeschenkt zu haben. Er würde die Schenkung gerne **widerrufen**. **348**

Ein Widerruf ist aber nach alter wie nach neuer Rechtslage seit 1.1.2017 **nur** möglich, wenn sich der Beschenkte gegen den Wohltäter eines – wie es im Gesetz heißt – **groben Undanks** schuldig gemacht hat. Die Gerichte sind hier sehr **streng**. Nicht jede Unfreundlichkeit des Beschenkten gegenüber dem Wohltäter wird als „grober Undank" anerkannt. **349**

Wann konkret gilt ein Verhalten des Beschenkten als GROBER UNDANK?

350 Um eine Schenkung widerrufen zu können, muss sich der Beschenkte in **besonders verwerflicher** Weise gegenüber dem Wohltäter als undankbar erwiesen haben. Das ist **nur** der Fall, wenn der Beschenkte gegenüber dem Wohltäter eine **strafbare Handlung** gesetzt hat, die auch **schwer genug** ist, dass der Entzug des Geschenks gerechtfertigt erscheint.

351 Das kann zB eine **vorsätzliche Körperverletzung** sein, die der Wohltäter dem Beschenkten auch **nicht verziehen** hat. Wenn also zB der Beschenkte seine Mutter aus Anlass der Frage nach dem Wohnungsschlüssel niederschlägt. Oder wenn der beschenkte Sohn, der gleichzeitig Arzt ist, seine Mutter zu StuRz bringt und ihr dann **nicht Hilfe leistet**. Das ist jeweils grober Undank, der es rechtfertigt, jene Schenkung zu widerrufen, die in diesen Beispielen die Mutter jeweils an den Sohn gemacht hat.

352 Hingegen **reicht es nicht** für einen Widerruf, wenn zB dem Geschenkgeber vorgespiegelt wird, er sei der Vater des von der beschenkten Ehefrau erwarteten Kindes. Eine solche **Lüge** ist **nicht** nach dem Strafgesetzbuch **strafbar** und **reicht** daher für einen Widerruf **nicht**.

353 Jeder, der schenkt, muss also wissen, dass er die Schenkung auch dann **nicht rückgängig machen** kann, wenn der Beschenkte ihn zB „**nur**" beschimpft oder sekkiert oder rempelt oder sich auch bloß nicht mehr um ihn kümmert.

354 Seit 1.1.2017 kann sich der Wohltäter den **Widerruf** der Schenkung auch ausdrücklich **vorbehalten. Nur:** Dann steht es allein in seinem Belieben, das Geschenk wieder zurückzuholen. Dann hat er das für eine Schenkung typische **Vermögensop-**

fer eben gerade **nicht** erbracht. Dann fragt sich aber auch, ob überhaupt noch eine Schenkung vorliegt. Rechtliche Beratung in solchen Fällen ist unbedingt zu empfehlen.

Schenken unter Vorbehalt von Rechten für den Wohltäter – Ein möglicher Weg?

Wer eine Sache sofort herschenken will, kann sich bestimmte **Rechte** ausdrücklich **vorbehalten**: So zB ein **Wohnrecht** für sich (und auch den Ehepartner), ein umfassendes **Fruchtgenussrecht**, also das Recht, die Sache weiter umfassend zu nutzen und auch zu vermieten. Solche Rechte werden auch im **Grundbuch** eingetragen, damit das Recht auch für alle ersichtlich ist. **Nur**: Eigentümer der Sache ist der Beschenkte. Und mit diesem braucht es ein gutes Einvernehmen, um die vorbehaltenen Rechte ungetrübt genießen zu können. Schon ein reparaturbedürftiges Dach kann Anlass zum Streit geben, wenn der beschenkte Eigentümer die Reparatur nicht zahlen will und dem Geschenkgeber sein Wohnrecht damit verleidet. 355

Dass Geschenkgeber, die zu vertrauensselig sind, mitunter sehr böse Überraschungen erleben können, zeigt der folgende Fall: 356

Fall 14
Prügel als „Dank" – Vorsicht: Beweisprobleme

Frau Karin H. aus der Steiermark rackerte sich ihr Leben lang für den Mann und ihre Kinder ab. Als die Ehe in die Brüche ging, schenkte sie ihre Hälfte am Haus und diverse Grundstücke ihren drei Söhnen. Ohne sich ein Wohnrecht zu sichern. Kurz darauf wurde sie von den Söhnen auf die Straße gesetzt. Danach wohnte sie in ihrem Auto, bei Freundinnen oder mildtätigen Quartiergebern. Die Schenkung an die Kinder wollte sie widerrufen. Wegen groben Undanks. Sie sei von den Kindern öffentlich beschimpft und von einem Sohn sogar mit dem Gartenschlauch verprügelt worden. Die Söhne sagten, die Mutter hätte die Vorwürfe gegen sie frei erfunden. Sie sei nicht mehr zurechnungsfähig und müsse einen Erwachsenenvertreter beigestellt bekommen.

Das Gericht bestellte einen psychiatrischen Sachverständigen, der den geistigen Zustand von Frau H. begutachtete, und einen Arzt, der überprüfen sollte, ob der Vorwurf, sie sei geschlagen worden, mit ihrer Krankengeschichte übereinstimmt.

Das Fazit: Frau H. braucht keinen Erwachsenenvertreter, aber aus ihrer Krankengeschichte kann man nicht herauslesen, dass Frau H. von ihrem Sohn geschlagen wurde.

Das Gericht wies die Klage von Frau H. ab. Es sei ihr nicht gelungen, den groben Undank der Kinder zu beweisen. Frau H. entdeckte aber eine andere Bestimmung:

Kinder sind verpflichtet, ihren Eltern Unterhalt zu zahlen, wenn diese zu wenig verdienen. Vom Richter bekam sie diesen Unterhalt zugesprochen. Ihr Haus ist zwar weg, ihr bleibt aber die Genugtuung, dass sie bei ihren Söhnen per Gerichtsvollzieher ihre monatlichen Alimente eintreiben lassen kann.

Der versuchte Widerruf - Wenn Körperverletzungen nicht bewiesen werden können

357 Die Schenkung, welche Frau H. an ihre drei Söhne gemacht hat, hätte von Frau H. widerrufen werden können, **wäre es ihr nur gelungen**, den groben Undank ihrer Söhne **nachzuweisen**.

358 Frau H. hatte dabei nicht das Problem, dass die „**Unfreundlichkeiten**“ ihrer drei Söhne **zu wenig schwerwiegend** gewesen wären, wie das bei so manchen anderen Fällen vorkommt, wenn Schenkungen widerrufen werden sollen, die Beschenkten aber nur schlicht unfreundlich sind, aber nicht grob undankbar.

Wenn Frau H. von ihren drei Söhnen **geschlagen** worden ist, es also **vorsätzliche** oder sogar absichtliche **Körperverletzungen** gegeben hat, so waren dies zwar **strafbare** Handlungen. 359

Frau H. ist es aber gerade nicht gelungen, nachzuweisen, dass sie geschlagen und (schwer) verletzt worden ist. Sie hätte **unmittelbar**, nachdem sie vom Sohn verprügelt worden war, **zum Amtsarzt** gehen, ihre Verletzungen von diesem festhalten lassen und eine **Anzeige erstatten** müssen. So aber war in ihrer Krankengeschichte, also in den ärztlichen Aufzeichnungen über den Gesundheitszustand der Frau, von **Verletzungen nichts festgehalten**. Und damit ist der Beweis der strafbaren vorsätzlichen Körperverletzung durch den Sohn misslungen. Die öffentliche Beschimpfung der Frau H. durch die Söhne allein hat nicht ausgereicht. 360

Manchmal ist es in der Praxis aber gar nicht das Problem, etwas beweisen zu können. Manchmal ist das ungebührliche Verhalten des Beschenkten nur nicht „undankbar" genug: 361

Fall 15

Klage gegen den Wohltäter - Grober Undank

Ein alter Mann hatte uns vor ein paar Jahren geschrieben, dass man ihn um sein Lebenswerk gebracht hätte. Vor mehr als 20 Jahren hat er dem eigenen Sohn sein Haus geschenkt und darauf vertraut, dass der Sohn ihn und seine Frau bis ans Lebensende dort wohnen lassen werde. Aber zum 80sten Geburtstag hätte er dann keine Glückwünsche, sondern eine Räumungsklage bekommen. Natürlich hat Herr Valentin L. gedacht, dass er selbst und seine zweite Frau Lisa im Alter weiter beim Sohn Simon wohnen würden, aber dazu wurde im Schenkungsvertrag nichts schriftlich festgehalten. 362

Doch dann hätte ihm der Sohn absurde Vereinbarungen zur Unterschrift vorgelegt. Etwa, dass der Vater nur eine jederzeit widerrufbare Bittleihe an einem Teil des Hauses hätte. Herr Valentin L. unterschrieb nicht. Dann bekam er Post vom Gericht. Herr L. wollte deshalb, dass die Schenkung des Hauses gerichtlich rückgängig gemacht wird. Wegen groben Undanks des Beschenkten. Der Sohn Simon habe sich ungebührlich ihm gegenüber geäußert und vor allem benommen.

In der Verhandlung kam es dann doch zu einem bedingten Vergleich. Herr L. dürfe bis zu seinem Tod weiter in einem Teil des Hauses wohnen, wurde festgelegt. Seine heutige Frau Lisa müsse nach seinem Tod aber ausziehen.

Nach drei Wochen überlegte Herr L. senior es sich aber anders und widerrief den Vergleich. Einige Monate später gab es das Urteil: Herr L. hat in der ersten Instanz verloren, sein Begehren, dass er das verschenkte Haus zurückbekommt, wurde abgewiesen. Herr L. verlor schließlich auch in zweiter Instanz.

Ist ungebührliches Benehmen nicht genug grob undankbar?

363 Wenn der beschenkte Sohn Simon sich gegenüber seinem Vater Valentin L. „nur" ungebührlich geäußert und benommen hat, **reicht das nicht**. Herr L. hätte die Schenkung an den Sohn Simon **deswegen niemals** widerrufen können. Der grobe Undank muss in einer **strafbaren Handlung** bestehen. Bloß ungebührliches oder unhöfliches oder rücksichtsloses Benehmen ist im Regelfall nicht strafbar.

Die Räumungsklage als Undank?

364 Es ist zwar sehr unfreundlich, wenn der Sohn den Vater, der ihm das Haus geschenkt hat, mit einer Räumungsklage aus dem Haus werfen will. Die **Klage** ist aber **nicht strafbar.** Eine Klage des Beschenkten gegen den Wohltäter erscheint (moralisch) unrichtig, **rechtlich** ist sie aber **möglich,** noch dazu hat sie Herr L. selbst überhaupt erst möglich gemacht.

Zum einen hat er es **verabsäumt,** bei der Schenkung an den Sohn sich ein **Wohnrecht vorzubehalten**. Mit einem vorbehaltenen Wohnrecht hätte Herr L. ein Recht zum Bewohnen des verschenkten Hauses gehabt. Eine Räumungsklage wäre dann erfolglos gewesen. Zum anderen hat Herr L. die Räumungsklage gegen sich geradezu provoziert: 365

Denn als der Sohn dem Vater eine **Vereinbarung vorgelegt** hat, wonach der Vater im Haus nur eine jederzeit widerrufbar Bittleihe haben soll, hätte der Vater aktiv werden müssen. Denn offenbar hatte der Vater **seinerzeit darauf vertraut**, dass der Sohn ihn und seine Frau bis ans Lebensende im Haus wohnen lassen wird. In diesem Vertrauen ist der Vater – als der Sohn dem Vater die Vereinbarung zur Unterschrift vorlegte – enttäuscht worden. Und deshalb hätte der Vater sogleich gegen den Sohn eine **Feststellungsklage** erheben müssen: Der Vater hätte den Sohn also zuerst klagen müssen, und zwar darauf, dass ein **Wohnrecht** des Vaters (und seiner Frau) im Haus **festgestellt** wird mit **Urteil**. 366

Denn wenn das seinerzeitige Vertrauen des Vaters darin seine Ursache gehabt hatte, dass er mit dem Sohn **über das Wohnrecht** zwar **gesprochen** hat, das Wohnrecht aber nicht schriftlich im Vertrag festgehalten hat und der Sohn dem Wohnrecht damals (scheinbar) zugestimmt hat, dann wäre vom Richter mit einem **Urteil** festgestellt worden, dass dem Vater (und seiner Frau) ein Wohnrecht im Haus **zusteht**. 367

So aber ist der **Sohn** mit der Räumungsklage gegen den Vater **zuvorgekommen.** In dieser Klage hat der Sohn vermutlich vorgetragen, dass der Vater **ohne jede** Rechtsgrundlage und ohne 368 jede **Berechtigung** noch im Haus **wohnt**. Dieses Vorbringen ist – weil sich der Vater das Wohnrecht nicht vorbehalten hat und es auch nicht gerichtlich feststellen hat lassen – wohl im Ergebnis richtig gewesen.

369 Der Richter hat versucht, dem Vater mit einem **Vergleich** das Wohnrecht bis ans Lebensende doch noch zu **sichern.** Der Richter hat damit versucht, für den Vater das Versäumnis, sich nicht schon im Schenkungsvertrag ein Wohnrecht vorbehalten zu haben, zum Teil wieder wettzumachen.

370 Leider hatte sich Herr Valentin L. **damit offenbar nicht begnügen** wollen und hat den Vergleich widerrufen. Und es kam, wie es kommen musste; der Schenkungswiderruf wegen groben Undanks war erfolglos. Vermutlich musste der Vater auch noch das Haus räumen. Der Fall wäre auch nach neuer Rechtslage ab 1.1.2017 nicht anders ausgegangen.

Was ist eine Schenkung AUF DEN TODESFALL?

371 Eine Schenkung auf den Todesfall ist eine Schenkung, die vom Wohltäter zu dessen **Lebenszeit erklärt** wird, die ihre **Wirkung aber erst** entfaltet, wenn der Wohltäter **verstorben** ist.

372 Also: Der Geschenkgeber **verspricht** dem Beschenkten, dass dieser eine bestimmte Sache als Geschenk **erhält**, dies **aber erst, wenn der Geschenkgeber gestorben** sein wird.

373 Bei einer Schenkung auf den Todesfall musste der Wohltäter bis 31.12.2016 auf das **Recht**, die Schenkung (wegen Undanks) zu **widerrufen**, **verzichten.** Der Vertrag musste – weil die geschenkte Sache an den Beschenkten ja nicht sofort übergeben wird – als schriftlicher Vertrag beim Notar (als Notariatsakt) errichtet werden.

Nach der **neuen** Rechtslage **ab 1.1.2017** darf sich der Wohltäter kein Widerrufsrecht vorbehalten haben, der Vertrag muss freilich wie bisher als **Notariatsakt** errichtet werden. Die Schenkung auf den Todesfall darf nun auch ein **Viertel** jenes Vermögens nicht erfassen, das der Wohltäter insgesamt hat, sonst ist die Schenkung ungültig. Wie dieses Viertel zu berechnen ist, und für welchen Zeitpunkt, bleibt leider unklar. Ob ein Wohltäter eine Schenkung auf den Todesfall nachträglich dadurch unwirksam machen kann, dass er sein freies Viertel verschenkt, ist auch fraglich. 374

Wird ein **Grundstück** auf den Todesfall verschenkt, findet sich im **Grundbuch kein Hinweis** auf die Schenkung. Es ist meist nur ersichtlich, dass der Geschenkgeber das Grundstück ohne Zustimmung des Beschenkten **nicht mehr veräußern** (also nochmals verschenken oder verkaufen) und auch nicht mehr belasten wird. 375

Was sind die Vor- und Nachteile der Schenkung auf den Todesfall?

Wenn eine Sache auf den Todesfall verschenkt wird, kann sie der Geschenkgeber zu seinen Lebzeiten bis zu seinem Tod **immer noch selbst nutzen**. Er darf die Sache bloß ohne Zustimmung des Beschenkten nicht verkaufen oder verschenken. Er darf sie auch nicht zB mit Hypotheken belasten. Die Sache **verbleibt** dem Geschenkgeber zur persönlichen Nutzung im Wesentlichen so, wie er sie bisher genutzt hat. 376

Die Schenkung auf den Todesfall **wirkt** für den Beschenkten auf den ersten Blick im Ergebnis **wie ein Testament**. Denn im Moment der Schenkung erhält der Beschenkte nichts. Außer das Versprechen, dass er im Todesfall des Geschenkgebers die Sache erhalten wird. Freilich gibt es einen **wesentlichen Unterschied** zum **Testament**: Während das Testament jederzeit 377 abgeändert und auch widerrufen werden kann – sich für den Testamentserben die Aussicht, einmal Erbe zu werden, also als unbegründet erweisen kann –, ist die Schenkung auf den Todesfall **unwiderruflich**. Der Beschenkte kann davon ausgehen, dass er die ihm versprochene Sache wirklich erhält, sobald der Geschenkgeber gestorben sein wird.

378 Der **Vorteil** für den Beschenkten ist, dass er sicher sein kann, die versprochene Sache auch wirklich zu erhalten, wenn der Wohltäter gestorben sein wird. Gerade diese Unwiderruflichkeit **kann** sich für den Wohltäter, umgekehrt, als **Nachteil** erweisen:

379 Denn wenn die Schenkung auf den Todesfall einmal unterschrieben ist, kann sie **nicht mehr widerrufen** werden. Das Schenkungsversprechen kann auch nicht geändert werden wie ein Testament. Und wenn die auf den Todesfall geschenkte Sache mit einer Hypothek belastet werden soll, weil der Geschenkgeber zB Jahre nach der Unterfertigung des Vertrages unerwartet Geld braucht, ist der Geschenkgeber **darauf angewiesen,** die **Zustimmung** des Beschenkten zu **erbitten**.

380 Ein weiterer Nachteil kommt, wie gesagt (Rz 374), mit dem seit 1.1.2017 notwendigen **freien Viertel** dazu: Wenn sich beim Tod des Geschenkgebers nämlich herausstellt, dass die auf den Todesfall geschenkte Sache der einzige Vermögenswert des Verstorbenen war. Dann muss der auf den Todesfall Beschenkte ein Viertel des Werts des Geschenks – das „Viertel", das „freibleiben" hätte müssen – an die Erben zahlen, wenn er die geschenkte Sache behalten will.

381 **Wenn eine Sache auf den Todesfall verschenkt ist, kann sie nicht mehr vererbt werden. Darauf kann ein Geschenkgeber schon einmal vergessen und dann gibt es Streit:**

Fall 16
Zur Schenkung auf den Todesfall – Vorrang vor Testament

Herr X. hat seinem Sohn sein Haus 2001 „auf den Todesfall" geschenkt. Beim Notar. Dort muss man Herrn X. auch gesagt haben, dass er diesen Vertrag „einseitig" nicht mehr widerrufen kann. Dann hat er es sich anders überlegt und sein Haus stattdessen seiner zweiten Frau Anna per Testament vermacht. Als Herr X. 2016 starb, investierte Anna gleich fast € 50.000,– in „ihr" Haus. Dann kam Anna aber zu Ohren, dass sie wegen der früheren Schenkung auf den Todesfall vielleicht gar nicht erben kann. 382

Die ehemals harmonischen Familienbande wurden alsbald völlig zerstört: Der Sohn verstarb tragisch und dessen Tochter, quasi Annas Enkelin, wollte das Haus für sich. Was gilt jetzt mehr? Die Schenkung auf den Todesfall oder das Testament?

Das Gericht entschied: Die Schenkung auf den Todesfall. Frau Anna hatte jetzt nur mehr ein Wohnrecht im Haus. Aber bekommt sie die € 50.000,–, die sie investiert hat, zurück?

Der Konflikt wurde im Vergleichsweg bereinigt. Frau Anna gehören in Leoben zwei Drittel eines größeren Hauses. Die hat sie der Enkelin gegeben, die ihr dafür das Wohnhaus überschrieb.

Das Testament passt mit dem Vertrag nicht zusammen – Was ist stärker?

Eine Schenkung ist immer ein **Vertrag.** Auch eine Schenkung auf den Todesfall: Herr X. konnte zwar nicht gezwungen werden, das Haus auf seinen Todesfall an seinen Sohn zu schenken. Aber er hatte sich dazu entschlossen und folglich dem Sohn das Haus **angeboten**. Der Sohn hat das Geschenk auf den Todesfall des Vaters seinerzeit **angenommen**. Damit war der Schenkungsvertrag auf den Todesfall **wirksam** und mit einem Testament **nicht mehr abzuändern**. 383

384 Da Herr X. auf seinen Todesfall geschenkt hat, ist – damit das Versprechen auch ganz bestimmt gehalten wird – auch noch vereinbart worden, dass der Schenkungsvertrag auf den Todesfall **unwiderruflich** sein soll. Damit war das von Herrn X. **später gemachte Testament unwirksam**. Er konnte für das Haus einfach keine Anordnungen mehr machen. Er hätte nach der Schenkung das Haus auch nicht verkaufen oder mit Hypotheken belasten dürfen. Er durfte es **nur noch nutzen**, und zwar **genauso** wie vor der Schenkung auf den Todesfall.

385 Vermutlich deshalb hat Herr X. vergessen, dass er die Schenkung auf den Todesfall gemacht hat. Er hat seiner zweiten Frau mit dem **Testament** in Wahrheit nur einen **Anlass zum Streit** mit der Enkelin **hinterlassen.**

386 Dass der **beschenkte** Sohn **verstorben** ist, hat daran **nichts geändert**. Mit der Unterschrift unter dem Schenkungsvertrag konnte der Sohn sein **Recht**, das Haus beim Tod seines Vaters zu erhalten, seinerseits an seine Tochter weitervererben. Und so war es die Enkelin, die auf der Einhaltung des Schenkungsversprechens bestand. Auch eine Schenkung auf den Todesfall will also gut überlegt sein.

387 Der Fall wäre nach der **neuen Rechtslage ab 1.1.2017** vielleicht anders ausgegangen. Wenn das Haus der im Wesentlichen einzige Vermögenswert des Wohltäters gewesen wäre, wäre die Schenkung auf den Todesfall nicht wirksam gewesen. Denn im Nachlass des Wohltäters wäre dann ein Viertel seines Vermögens nicht frei, also vom Vertrag unberührt geblieben. Der auf den Todesfall Beschenkte hätte zumindest ein Viertel des Werts des Hauses an den Testamentserben zahlen müssen, um das Haus behalten zu können.

7. Wissenswertes zum Verlassenschaftsverfahren

Eines Tages ist er da, der Tag: Der nahe Angehörige stirbt. Die Hinterbliebenen müssen nicht nur Schock und Trauer bewältigen. Sie sind auch damit konfrontiert, **Behördenwege** zu erledigen, das Begräbnis zu organisieren und wichtige erste Informationen für das Verlassenschaftsverfahren zusammenzustellen. 388

Vieles muss rasch und sofort erledigt werden. Auch wenn sich die Hinterbliebenen oft wie erstarrt fühlen. Mitunter hilft aber die Beschäftigung mit den wesentlichen Erledigungen, mit dieser Ausnahmesituation leichter zurechtzukommen. Organisation schafft oft Ablenkung. 389

Totenschein/Sterbeurkunde

Erst wenn von einem **Arzt** (im Krankenhaus oder auch vom Hausarzt) ein **Totenschein** ausgestellt wird, gilt der Verstorbene als (medizinisch) tot. Mit diesem Nachweis erhalten die Hinterbliebenen beim **Standsamt** (in Wien bei den Magistrati- 390 schen Bezirksämtern) die sogenannte **Sterbeurkunde**. Das ist jenes Dokument, das rechtlich bestätigt, dass die Person verstorben ist.

391 Die Hinterbliebenen erhalten eine Ausfertigung der Sterbeurkunde. Eine weitere Ausfertigung wird vom Standesamt an jenes **Bezirksgericht** versendet, das für das Verlassenschaftsverfahren zuständig ist. Das ist das Bezirksgericht an jenem Ort, wo der Verstorbene zuletzt gewohnt hat.

Begräbnis

392 Die Hinterbliebenen kümmern sich um das Begräbnis. Bestattungsunternehmen sind bei der Wahl des Sarges, der Planung der Beerdigung und auch beim Verfassen der Todesanzeigen behilflich. Sollte der Verstorbene Angehörigen gegenüber bestimmte Wünsche geäußert haben (zB Urnen- oder Erdbestattung), sind diese Wünsche maßgeblich (Rz 395).

393 **Achtung**: Die **Kosten** für das Begräbnis sind im Regelfall **sofort** zu bezahlen. Die Bankkonten des Verstorbenen werden meist von der Bank sofort als gesperrt behandelt, sobald die Bank vom Tod des Kontoinhabers erfährt. So haben die **Hinterbliebenen** fürs Erste einmal die Kosten fürs Begräbnis auszulegen, weil ein Zugriff auf das Geld der Verstorbenen meist nicht möglich ist.

393a Das gilt auch für jene Fälle, wo der Verstorbene und Hinterbliebene gemeinsam Kontoinhaber waren. In diesem Fall wird zwar das Konto nicht gesperrt. Nur: Der Zugriff des Überlebenden auf das Konto kann – wenn es nicht nur um die reinen Begräbniskosten geht – zu Streit mit den anderen Hinterbliebenen führen. Insbesondere steht die Frage im Raum, ob der Zugriff auf das Konto eine Erbunwürdigkeit begründen könnte (Rz 297).

Also: Rechtzeitige **Vorsorge** für die Kosten des Begräbnisses empfiehlt sich. Und: Alle **Rechnungen** und **Belege**, die mit dem Begräbnis im Zusammenhang stehen (über die Bestattung selbst, über den Blumenschmuck, die Portokosten, den Druck der Todesanzeigen, die Trauerkleidung und auch über das Totenmahl) **gut verwahren** und im Verlassenschaftsverfahren präsentieren. Diese Kosten werden nämlich aus den vorhandenen Guthaben des Verstorbenen jenem erstattet, der sie ausgelegt hat. Er hat mit seinem Anspruch auf Kostenerstattung sogar **Vorrang.** 394

Wer entscheidet Fragen wie zB Feuerbestattung oder Erdbestattung?

Zunächst einmal sind die **Wünsche des Verstorbenen** maßgeblich, wenn er denn Wünsche (zB im Testament) geäußert hat. Wenn nicht, entscheiden die nächsten Angehörigen. Sind sich diese nicht einig, kann es selbst darüber zum **Streit** unter Erben kommen. Dann entscheidet das Gericht, das prüft, was wohl **am ehesten** dem vermuteten Willen des Verstorbenen entspricht. 395

Nur der Vollständigkeit halber: In Österreich gilt jeder als einverstanden, Organspender (zur Rettung des Lebens eines anderen Menschen) zu sein, wenn er nicht einen Widerspruch bei der Gesundheit Österreich GmbH (1010 Wien, Stubenring 6) deponiert hat, wo das sogenannte Widerspruchsregister geführt wird. 396

Gerichtskommissär

Das Bezirksgericht, das die Sterbeurkunde vom Standesamt übersendet erhalten hat, vergibt zunächst eine Aktenzahl (also zB 6 A 96/21y). Sie hilft, bei Anfragen sofort den richtigen Akt zu finden. Das Gericht bestellt jenen **Notar**, der als **verlänger-** 397

ter Arm des Richters dafür sorgen soll, dass die Verlassenschaft **ordnungsgemäß abgewickelt** wird. Dieser Notar ist der sogenannte Gerichtskommissär.

398 Der Notar ist in dieser Funktion als Gerichtskommissär also **nicht** als **Berater** tätig, der die Erben oder Pflichtteilsberechtigten oder Vermächtnisnehmer über die bestmögliche Vorgangsweise im Verfahren instruieren soll. Der Notar als Gerichtskommissär hat vielmehr – so **wie** ein **Richter** – gegenüber **allen** Angehörigen des Verstorbenen **objektiv** zu sein. Er hat **alle** Beteiligten in derselben ausgewogenen Weise über ihre Rechte und Pflichten **aufzuklären**.

399 Der Notar als Gerichtskommissär hat **nicht** die Aufgabe, den übergangenen Angehörigen zur Seite zu stehen, um **Pflichtteilsansprüche durchzusetzen**. Er ist auch **nicht** dazu da, die Testamentserben vor den Begehrlichkeiten der Pflichtteilsberechtigten zu **schützen.** Er ist schließlich auch **nicht** dazu da, die **laufenden Betriebskosten** für die Wohnung des Verstorbenen zu zahlen, oder beim Haus des Verstorbenen für die **Schneeräumung** zu sorgen. Der Gerichtskommissär wickelt vielmehr wie eine „Außenstelle" des Richters nur das Verfahren ab (soweit nicht der Richter selbst entscheiden muss, wie zB beim Erbrechtsstreit, siehe dazu Rz 420ff).

Wie läuft ein Verlassenschaftsverfahren ab?

400 Die **erste** Amtshandlung, die der Gerichtskommissär vornimmt, ist die sogenannte **Todesfallaufnahme**.

401 Der Notar **erhebt alles Wissenswerte** über den Verstorbenen und notiert es in einem Formular. Das sind zunächst einmal Informationen zu den **familiären Verhältnissen:** Mit wem war der Verstorbene verheiratet? Hatte er Kinder? Dann alle

Informationen zu vorhandenen Testamenten, Konten, Grundstücken, Waffen, Orden, Schulden des Verstorbenen. Der Notar notiert alles, was für die Abwicklung der Verlassenschaft des Verstorbenen wichtig ist.

Der Notar **lädt** zur Todesfallaufnahme meist jene Person, von der er **annimmt**, dass sie über die Verhältnisse des Verstorbenen **am besten Bescheid** weiß und die benötigten Informationen am besten geben kann. Das kann ein Angehöriger sein oder der Lebensgefährte oder auch ein Nachbar und Freund eines Verstorbenen, der keine Angehörigen mehr hat. 402

Die Todesfallaufnahme findet im Regelfall etwa vier Wochen nach dem Tod des Verstorbenen statt. Wenn in der Todesfallaufnahme etwas **vergessen** wurde oder nicht richtig festgehalten ist, kann das durch eine **nachträgliche** Mitteilung an den Notar ergänzt und berücksichtigt werden. 403

Übernahme des Testaments

Wenn der Verstorbene ein **Testament** gemacht hat und es bei sich **zu Hause verwahrt** hat, **muss** es dem Gerichtskommissär **übergeben** werden. Ist das Testament bei einem Anwalt oder einem Notar hinterlegt, müssen sich die Hinterbliebenen darum nicht kümmern. Der Gerichtskommissär startet die **Abfrage** in den **Testamentsregistern** (siehe dazu Rz 119ff) von sich aus. Jeder Verwahrer eines Original-Testaments muss – wenn er vom Tod des Testamentserrichters erfährt – das Originaltestament dem Gerichtskommissär übergeben. Auch dann, wenn er meint, dass das Testament „nicht mehr aktuell“ sein könnte. 404

Nach der Todesfallaufnahme und der Übernahme des Testaments beginnt der Gerichtskommissär meist mit der **Bankenabfrage**. Er ersucht jene Bankinstitute, wo der Verstorbene 405 nach den Angaben in der Todesfallaufnahme Konten hatte, um Nachricht, wie der **Kontostand am Todestag** des Verstorbenen war. Der Gerichtskommissär fragt regelmäßig auch, ob der Verstorbene einen **Banksafe** hatte. Es dauert meist mehrere Wochen, bis die Antworten vorliegen. Die Bankauskünfte geben ein erstes Bild vor allem über das, was der Verstorbene an Barwerten hinterlassen hat.

Sicherung der Sachen, die zum Nachlass des Verstorbenen gehören

406 Wenn die **Gefahr** besteht, dass Sachen des Verstorbenen „**verschwinden**" könnten, muss der Gerichtskommissär eine **Sicherung** vornehmen. Entweder versperrt (versiegelt) er die Wohnung des Verstorbenen oder er nimmt einzelne Sachen selbst in Verwahrung.

407 Eine solche Sicherung hätte im Fall der Filmdiva (vgl oben Fall 8 Rz 170) wohl die treue Freundin davor bewahrt, in der Wohnung der Filmdiva vor dem **ausgeräumten Safe** zu stehen. Es hätte dem Gerichtskommissär nur die bestehende **Gefahr,** dass der Schmuck und die Goldstücke aus dem Safe leicht „verschwinden" können, **plausibel gemacht** werden müssen.

Erbantrittserklärung

408 Wer Erbe sein will, muss dies auch ausdrücklich erklären. Er kann sich dabei auf das **Gesetz** berufen, wenn er (nach dem Gesetz) **gesetzlicher** Erbe ist. **Oder** er beruft sich auf ein **Testament**, wenn der Verstorbene ein solches hinterlassen (und einen Testamentserben bestimmt) hat.

409 Bei der Erklärung, das Erbe annehmen zu wollen, ist meist auch zu **erklären**, ob sich die Annahme auf den **ganzen Nachlass** bezieht, weil man zB nach dem Testament **Alleinerbe** sein soll.

Oder ob die Annahme nur **für** einen **Teil** des Nachlasses **gilt**, weil man zB nach dem Gesetz nur zu 1/3 Erbe ist.

Bedingte und unbedingte Erbantrittserklärung – Was heißt das?

Schließlich ist bei der Erklärung, das Erbe annehmen zu wollen, auch zu erklären, ob dies unbedingt oder bedingt geschieht. Diese Erklärung will **gut überlegt** sein, es hängt davon einiges ab. 410

UNBEDINGTE Erbantrittserklärung

Die **unbedingte** Erbantrittserklärung heißt, dass das Erbe **ohne Wenn und Aber** angenommen wird. Komme, was da wolle, mögen also auch später Schulden oder Verbindlichkeiten des Verstorbenen gleich in welcher Höhe noch hervorkommen. 411

Der **Vorteil** der unbedingten Erbantrittserklärung ist, dass das Verlassenschaftsverfahren dann sehr **rasch** abgewickelt werden kann. Der Erbe muss dann nämlich nur noch eine weitere Erklärung über das vorhandene Vermögen des Verstorbenen abgeben und die Richtigkeit dieser Erklärung bestätigen. Es braucht dann **keine Sachverständigen** und keine Schätzungen. Die **Kosten** des Verfahrens sind damit auch eher gering, man **spart** sich vor allem die Gebühren des Sachverständigen. 412

Der **Nachteil** einer unbedingten Erbantrittserklärung liegt darin, dass der Erbe dann – wenn auch erst Jahre später Schulden des Verstorbenen hervorkommen – für **alle Schulden** des Verstorbenen **haftet**, mögen diese Schulden **auch höher** sein als der **Wert** der **ganzen Hinterlassenschaft**. Mit anderen Worten: Der Erbe muss bei einer unbedingten Annahme der Erbschaft damit rechnen, dass er im schlimmsten Fall (oft auch erst Jahre später) aus seinem eigenen Vermögen Geld „**draufzahlen**“ muss, um die Schulden des Verstorbenen abzuzahlen. 413

BEDINGTE Erbantrittserklärung

414 Bei der **bedingten** Erbantrittserklärung nimmt der Erbe zwar die Erbschaft an. Dies aber eben **nicht** ohne Wenn und Aber. Der Erbe will vielmehr für die Schulden des Verstorbenen **nur haften**, bis der **Wert der ererbten Sachen** erreicht ist, **nicht für mehr**.

415 Der **Vorteil** der bedingten Erbantrittserklärung liegt auf der Hand: Selbst wenn später große Schulden des Verstorbenen hervorkommen, gibt es für den Erben **keine bösen Überraschungen**. Er muss **nicht** aus eigenem Vermögen etwas „drauflegen". Er steigt bei der Erbschaft im **schlimmsten** Fall mit **Null** aus, weil er nur bis zur Höhe der ererbten Aktiven für Schulden des Verstorbenen haftet.

416 Der **Nachteil** der bedingten Erbantrittserklärung: Das Verfahren dauert **länger** und wird auch **teurer**. Denn der Gerichtskommissär muss dann ein **Inventar** errichten, also ein genaues Verzeichnis aller vorhandenen Aktiva und Passiva des Nachlasses (siehe dazu Rz 424ff). Zur Ermittlung des Werts der Nachlasssachen werden **Sachverständige** zugezogen, die **Gebühren** verursachen.

Kann die einmal abgegebene Erklärung noch GEÄNDERT werden?

417 **Achtung**: Wer einmal gegenüber dem Gerichtskommissär erklärt hat, das Erbe **unbedingt** annehmen zu wollen, kann **später nicht mehr zurück**. Er kann die unbedingte Erklärung nicht in eine bedingte Erklärung umwandeln.

418 **Umgekehrt** geht das aber schon und wird auch häufig so gemacht: Wer **zunächst** erklärt, das Erbe nur **bedingt** annehmen zu wollen, **kann** im Laufe des Verfahrens diese Erklärung auch

noch in eine **unbedingte** Annahmeerklärung **umwandeln**. Das wird er vor allem dann tun, wenn er – nachdem alle Informationen zum Nachlass gesammelt sind und ein erster Überblick möglich ist – **sicher sein** kann, dass keine bösen Überraschungen im Vermögen des Verstorbenen versteckt sind und dass keine Haftungen auf ihn zukommen können.

Es ist natürlich auch möglich, die zugedachte Erbschaft **auszuschlagen**. Auch hier ist aber **Vorsicht** geboten: Wer einmal ausgeschlagen hat, kann es sich dann **später nicht** anders überlegen und doch noch **annehmen**. 419

Widersprechende Erklärungen – Erbrechtsstreit

Gar nicht so selten kommt vor, dass die **Erklärungen**, die abgegeben werden, **nicht zusammenpassen**: Der im Testament bestimmte Alleinerbe erklärt, die Erbschaft zur Gänze annehmen zu wollen. Der gesetzliche Erbe – der das Testament für ungültig hält – erklärt, den Nachlass als gesetzlicher Erbe mit dem ihm im Gesetz zugedachten Erbteil von zB zu einem Drittel annehmen zu wollen. Das passt einfach nicht zusammen. 420

In einem solchen Fall versucht zunächst der **Gerichtskommissär**, bei einem **Gespräch** mit den Beteiligten doch noch eine **Einigung** herbeizuführen. Wenn das nicht gelingt, leitet er die Unterlagen an das zuständige **Bezirksgericht** weiter. Dort wird dann vom **Richter** in einem Verfahren geklärt, **ob das Testament nun gültig** ist **oder** nicht, ob also der Testamentserbe zur Gänze Erbe wird. Oder aber, ob der **gesetzliche Erbe** zu seinem zB Drittelanteil kommt, weil das Testament eben ungültig ist. 421

In einem solchen **Erbrechtsstreit** wird also zB auch geklärt, ob der Testamentserrichter **testierfähig** war, ob die Formvorschriften für das Testament eingehalten sind usw. 422

423 So war es zB auch im **Fall 8** der Filmdiva (vgl dazu Rz 170) gewesen, auch hier hat es einen **Erbrechtsstreit** zwischen der treuen Freundin der Filmdiva und der Pflegerin gegeben. Entscheidend war, dass der Filmdiva die Testierfähigkeit gefehlt hatte, als sie die sechs Testamente für die Pflegerin machte. Deshalb waren die sechs Testamente vom Richter für ungültig erklärt worden, das frühere Testament für die treue Freundin war somit wieder gültig (vgl dazu Rz 170).

Was ist ein INVENTAR?

424 Wenn der Erbe die Erbschaft nicht ohne Wenn und Aber unbedingt annehmen will, sondern eine **bedingte** Erbantrittserklärung abgegeben hat, oder auch wenn **Pflichtteilsberechtigte** im Einzelnen **aufgelistet** und **bewertet** haben wollen, **was** denn der Verstorbene so alles **hinterlassen** hat, ist vom Gerichtskommissär ein sogenanntes **Inventar** zu errichten. Das ist ein **Verzeichnis** aller **Aktiva und Passiva,** die zur Verlassenschaft gehören.

425 Zu den **Aktiva** zählt das gesamte vererbbare Vermögen, der Verstorbenen: Sein Eigentum – bewegliche Sachen (Schmuck, Einrichtung, Auto oä) und Grundstücke –, wie auch Forderungen und Ansprüche, die der Verstorbene gehabt hat. Zu den **Passiva** gehören die sogenannten **Erblasserschulden**. Das sind alle Schulden des Verstorbenen, wenn sie **zu dessen Lebzeiten** entstanden sind (also zB die Miete oder die Telefongebühr, die noch vom Verstorbenen **vor** seinem Tod zu zahlen gewesen wäre). Auch die **durch den Tod** entstandenen Kosten wie zum Beispiel Begräbniskosten, Grabsteinkosten, Kosten der Bewirtung der Trauergäste, Kosten der Inventarisierung und Schätzung werden zu den Passiva gezählt bzw von den Aktiva **abgezogen**.

Im Inventar werden alle Aktiva und Passiva, die zum Todestag des Verstorbenen vorhanden waren, **festgehalten** und **bewertet**. Für die Bewertung von Einrichtungssachen in der Wohnung des Verstorbenen braucht es meistens einen **Sachverständigen.** Ebenso, wenn der Verkehrswert, also der am Markt erzielbare Preis eines hinterlassenen Grundstücks (samt Haus) oder einer Eigentumswohnung ermittelt werden soll. 426

So war es auch im **Fall 4** (Rz 79), als die erste geschiedene Ehefrau Hilde als Testamentserbin des Arno A. dessen zweiter Ehefrau Rita den Pflichtteil zu zahlen hatte: Der **Wert** des Hauses von Arno A. war von einem **Sachverständigen** zu schätzen. Von dem so ermittelten Wert hatte Hilde an Rita die Hälfte als Pflichtteil zu zahlen. So blieb Hilde nichts übrig, als das Haus zu **verkaufen** und den Erlös mit Rita zu teilen (siehe dazu Rz 79). 427

Was ist der reine Nachlass?

Die für das Inventar ermittelten Aktiva und Passiva werden einander **gegenübergestellt**, die Aktiva abzüglich der Passiva ergeben den sogenannten „**reinen Nachlass**". Dieser ist Bemessungsgrundlage für den Pflichtteil (siehe dazu oben im Kapitel 3 „Pflichtteilsrecht" Rz 211f). 428

Verwaltung der Verlassenschaft

Manchmal wird es unvermeidlich, dass noch **während der Dauer** des Verlassenschaftsverfahrens einiges **erledigt** werden muss: Es ist das Auto des Verstorbenen polizeilich abzumelden, die Versicherung zu kündigen, die Wohnung zu räumen, oder die Betriebskosten und die Miete sind allenfalls weiterzuzahlen, für Schneeräumung ist zu sorgen etc. 429

All das kann durch den **Erben** veranlasst werden, **sobald** er eine (bedingte oder unbedingte) **Erbantrittserklärung** abgegeben 430 hat. Dann erhält er vom Gerichtskommissär eine sogenannte **Amtsbestätigung** ausgestellt, mit der er alles in die Wege leiten kann, was notwendig ist.

431 Wenn es **mehrere Erben** gibt, wie zB im Fall die drei Geschwister (oben im **Fall 1** Rz 35), müssen **alle gemeinsam** verwalten. Oder sie bestimmen einen von ihnen einvernehmlich, der sich um alles kümmert. Können sich die Erben nicht einigen, muss ein **Kurator** bestellt werden, der die notwendigen Vorkehrungen trifft, bis die Einantwortung vorliegt (Rz 432). Die **Kosten** für den Kurator werden aus dem Nachlass bezahlt, **schmälern** also das **Erbe.**

Was ist die Einantwortung?

432 Wenn feststeht, **wer** nun endgültig **Erbe** ist und **wie viel** er vom gesamten Nachlass erhält, kommt es zur sogenannten Einantwortung. Das ist ein **Gerichtsbeschluss**, mit dem der Erbe (mit seinem Anteil am Nachlass) festgestellt und der Nachlass des Verstorbenen dem Erben endgültig **übergeben** wird.

Erbteilungsübereinkommen

433 Sind **mehrere** Erben vorhanden, können sie noch **vor** der Einantwortung beim Gerichtskommissär zu **Protokoll** geben, wie sie das Erbe **aufteilen** wollen bzw welcher Erbe welche Sache aus der Verlassenschaft zur Benutzung erhält und ob er dafür den anderen allenfalls ein Entgelt zahlen muss.

434 Im Fall der drei Geschwister (oben im **Fall 1** Rz 35) ist eine solche Vereinbarung leider nicht zustande gekommen, deshalb blieb nur noch die Klage.

Was geschieht im Grundbuch?

Nach der Einantwortung muss jeder, der ein Grundstück als 435
Erbe erhalten hat, **selbst dafür sorgen**, dass sein Eigentum im Grundbuch auch eingetragen wird.

Was macht der Pflichtteilsberechtigte im Verlassenschaftsverfahren?

Der Pflichtteilsberechtigte kann **beantragen**, dass ein **Inven-** 436
tar errichtet wird und zB das zur Verlassenschaft gehörende Vermögen **geschätzt** wird. Das machen auch viele Pflichtteilsberechtigte: Die Kosten für die Schätzung belasten den Nachlass, der geschätzte Wert gibt einen **ersten Anhaltspunkt, wie viel** der Pflichtteil (von zB 1/6 oder 1/9) **in Geld ausgedrückt ausmacht**.

Wenn **der Erbe** den Pflichtteil **nicht zahlen will** oder **kann** 437
(weil der Verstorbene zB zu wenig oder kaum Bankguthaben oder Bargeld hinterlassen hat), hat er die Möglichkeit, im Verlassenschaftsverfahren dem Pflichtteilsberechtigten die Abgeltung zB durch eine Grundstücksabtrennung oder durch Übergabe von anderen **Sachen** (zB Bildern) **anzubieten.** Wenn der Pflichtteilsberechtigte damit einverstanden ist, kann die **Einigung** beim Notar festgehalten werden.

Freilich: Wenn der Pflichtteilsberechtigte damit nicht einver- 438
standen ist und auf einer **Geldzahlung** besteht, muss der Erbe uU Nachlasssachen **verkaufen,** damit er die Zahlung bewerkstelligen kann.

Wenn – was häufig der Fall ist – Erbe und Pflichtteilsberechtigter 439
über die Höhe der Zahlung **nicht einig** sind, bleibt dem Pflichtteilsberechtigten oft nur die **Pflichtteilsklage.** Dafür ist meist nicht das Bezirksgericht zuständig, sondern das Landesgericht.

Die Klage muss im Regelfall **spätestens drei Jahre** nach dem **Tod** des Verstorbenen eingereicht werden. Die Bewertungen, die im Inventar stehen, geben eine Richtschnur für den Wert des Nachlasses, mehr aber nicht. Wenn ein Sachverständiger im Pflichtteilsprozess andere Werte ermittelt, gelten diese.

440 Das **Risiko**, bei einer Pflichtteilsklage nicht den „richtigen" Betrag zur Zahlung zu verlangen, ist also gar nicht so klein. **Fachkundige Beratung** ist in jedem Fall zu empfehlen.

Was macht ein Vermächtnisnehmer im Verlassenschaftsverfahren?

441 Wenn der Erbe die vermachte Sache nicht herausgeben will, bleibt nur die **Klage** des Vermächtnisnehmers gegen die Erben (vgl dazu Rz 145ff).

Kann ein Testamentsvollstrecker helfen, Streit zu vermeiden?

442 Manche hoffen, wenn sie einen **Testamentsvollstrecker** im Testament **bestimmen**, dass es dann unter den im Testament Bedachten zu keinem Streit kommen kann. Das trifft leider nicht (immer) zu, weil nämlich ein Testamentsvollstrecker **oft nicht das bewirken kann, was von ihm erwartet wird**:

443 Der Testamentsvollstrecker darf dabei sein, wenn die Nachlasssachen geschätzt und im Inventar aufgelistet werden (vgl dazu Rz 424ff). Er kann, wenn zB der Verstorbene sich jährliche Seelenmessen gewünscht hat, dafür sorgen, dass die Messen auch gehalten werden.

444 Der Testamentsvollstrecker kann aber **niemals** den Gerichtskommissär (vgl dazu Rz 397ff) **ersetzen** und das Verlassenschaftsverfahren **abhandeln**. Er kann **nur darüber wachen**,

dass der letzte Wille des Verstorbenen **erfüllt** wird. Er kann aber **nicht** zB als Vertreter der Erben Aufträge des Verstorbenen (zB den Verkauf von Sachen und die Verteilung der des Erlöses unter den Erben) erfüllen, wenn die Erben damit nicht einverstanden sind.

Was geschieht, wenn ein Pflegevermächtnis verlangt wird?

Der Gerichtskommissär schafft einmal die Unterlagen zum Pflegegeld herbei. Dann holt er alle Beteiligten, um eine Einigung zu versuchen. Will der (Testaments)Erbe das Pflegevermächtnis nicht zahlen, bleibt dem pflegenden Angehörigen nur die Klage. 445

Der Verstorbene hat österreichisches Erbrecht gewählt, hatte aber im Ausland seinen Lebensmittelpunkt und ist auch dort gestorben

Achtung: Eine **Rechtswahl** im Testament (siehe Kapitel 1 Rz 12) **allein** bewirkt **nicht**, dass damit auch **automatisch** österreichische **Gerichte** für den Todesfall zuständig sind. Wenn der **Todesfall** im **Ausland** eintritt, sind vorerst einmal die ausländischen Behörden zuständig, wenn der Verstorbene dort seinen Lebensmittelpunkt hatte. Und die ausländischen Behörden müssten dann – wenn es eine Rechtswahl gibt – österreichisches Erbrecht anwenden. 446

Nur wenn sich in einem solchen Fall ausnahmslos **alle** Hinterbliebenen **nach** dem Tod des Verstorbenen darauf einigen, dass ein österreichisches Gericht zuständig sein soll, **muss** die im Ausland zuständige Behörde den Fall an das österreichische Gericht abtreten. Sonst muss die ausländische Behörde nur das gewählte österreichische Erbrecht anwenden, bleibt aber für alles Weitere zuständig. 447

448 Wenn nur **einzelne** Hinterbliebene die Abtretung des Falles an ein österreichisches Gericht verlangen, **kann** die ausländische Behörde diesem Antrag folgen und den Fall an österreichische Gerichte abgeben, muss es aber nicht. Fachkundige Beratung ist auch in solchen Fällen mit Auslandsbezug zu empfehlen.

Stichwortverzeichnis

(die Ziffern verweisen auf die Randziffern)